KB242741

질문하는 부모가 아이를 살린다

질문하는 부모가 아이를 살린다

사춘기 자녀와의 연결고리, 하브루타 대화

초 판 1쇄 2026년 04월 14일

지은이 윤미경
펴낸이 류종렬

펴낸곳 미다스북스
본부장 임종익
홍보국 김가영
편집장 이예나, 안채원, 김은진
디자인 임인영, 윤가희, 윤영빈
책임진행 국소리, 송가희, 김경은

등록 2001년 3월 21일 제2001-000040호
주소 서울시 마포구 양화로 133 서교타워 711호, 808호
전화 02) 322-7802~3
팩스 02) 6007-1845
블로그 http://blog.naver.com/midasbooks
전자주소 midasbooks@hanmail.net
페이스북 https://www.facebook.com/midasbooks425
인스타그램 https://www.instagram.com/midasbooks

ISBN 979-11-7355-837-5 03370

값 18,500원

미다스북스는 다음세대에게 필요한 지혜와 교양을 생각합니다.

질문하는 부모가 아이를 살린다

윤미경 지음

미다스북스

1장 사춘기, 왜 우리는 아이와 멀어질까

2장 하브루타는 아이를 바꾸는 기술이 아니다

3장 질문하고 경청하며 다시 만나는 우리

4장 우리 집 하브루타 이렇게 시작했다

5장 부모의 성장이 아이의 성장을 만든다

하브루타 교육을 하면서 많은 부모님을 만나왔고 무엇을 고민하고 있는지에 대해 현장의 목소리에 귀 기울여 왔다. 죄송한 말이지만 수많은 고민의 해답은 이미 부모 자신들이 알고 있다. 해답을 외면하고 답을 얻고자 시간과 열정을 무의미하게 쏟고 계시는 분들이 많다는 것이다. 부모와 자녀의 성공적인 삶을 위한 가장 기본은 긍정적인 대화다. 어떤 대화가 얼마나 비중을 차지하고 있느냐에 따라 부모 자녀 간의 갈등 관계와 긍정적 관계의 갈림길에서 결과가 달라진다.

관심과 관찰을 하면서 적절한 질문으로 상황과 갈등을 해결하려는 긍정적 의지가 성공적인 관계를 만들어 간다. 긍정적 관계는 부모의 말에 관심과 신뢰 형성에 좋은 영향을 미친다. 매 순간 눈 마주치고 아이와 대화하는 부모님이 자녀의 삶을 좌우한다는 것을 기억하자.

『질문하는 부모가 아이를 살린다』가 부모 교육의 가장 정확한 해답이라고 확신하며, 다양한 상황에 적절한 해답을 제시하는 윤미경 선생님의 실천서를 추천한다. 가정에서, 학교 현장에서 실천한 귀한 책이다. 많은 분이 읽고 도움받기를 바란다.

김금선

한국 하브루타 교육 연구 협회·하브루타 부모 교육연구소 회장

“부모의 태도는 아이의 배움을 넘어 관계와 성장으로 이어진다.” 이 책이 주는 메시지가 제 가슴 깊이 새겨집니다.

아이를 향한 말 한마디, 눈빛 하나가 얼마나 큰 울림이 되는지 다시금 깨닫게 됩니다.

저자는 부모가 아이의 앞에서 이끄는 사람이 아니라, 곁에서 함께 걸어가는 존재임을 조용히 일러줍니다. 특히 사춘기라는 복잡한 시기를 지나며 흔들리는 관계 속에서, 질문과 경청이 얼마나 따뜻한 다리가 되어주는지 깊이 공감하게 됩

니다.

읽는 내내 '나는 어떤 부모였을까' 스스로에게 묻게 되었고, 그 질문이 이 책의 가장 큰 힘이라 느꼈습니다. 완벽하지 않아도 괜찮다고, 다만 방향을 잃지 않으면 된다고 말해주는 이 책은 큰 위로이자 용기였습니다.

부모의 변화가 곧 아이의 변화로 이어진다는 단순하지만 깊은 진리를 다시 마음에 새깁니다.

아이와의 관계 앞에서 고민하는 모든 이들에게 이 책을 따뜻하게 권합니다. 이 책은 결국, 사랑을 '방법'이 아닌 '태도'로 살아내는 법을 알려주는 소중한 안내서입니다.

김진수

『초등 집중력을 키우는 동시 쓰기의 힘』 저자, 초등 교사

윤미경 작가님은 엄마이자 교사로서 겪어낸 시간을 한 권의 책에 고스란히 녹였습니다. 두 아들을 키우면서 스스로의 기준을 내려놓는 일을 배웠고, 교직에서 만난 수많은 아이들과 부모를 통해 끊임없는 배움이 필요하다는 사실도 받아들였습니다. 하브루타를 접하고 전문가 과정까지 밟은 것은 윤 작가님께 인생의 터닝 포인트가 됐을 겁니다. 배우고 적용하

며 성장한 과정을 아낌없이 나눠주셔서 감사합니다.

저는 세 자매를 키우고 있습니다. 윤 작가님이 하브루타를 배우고 있다는 소식을 듣고 관심을 갖던 무렵, 고3 첫째가 문예창작과에서 체육교육과로 진로를 바꾸겠다고 했습니다. 아이는 이렇게 말했습니다. “엄마는 제 이야기를 존중하고 들어줄 것 같아서 꺼내는 거예요.” 그 순간 깨달았습니다. 하브루타 대화란 결국 존중하는 대화이고, 존중하는 대화란 자녀가 먼저 말을 꺼낼 수 있는 관계를 만드는 일이라는 것을. 세 가지는 하나로 이어져 있었습니다.

다음 세대를 위해 부모와 교사들이 윤 작가님표 하브루타 대화를 경험하신다면, 소통하고 함께 성장하는 가족이 될 수 있으리라 믿습니다. 저 역시 이 책이 전하는 대화를 가정과 교육 현장에서 적용하겠습니다.

백란현

『여자, 매력적인 엄마 되는 법』 저자, 초등 교사

아이의 마음을 캐는 부모가 되는 길

"무슨 엄마가 이래?"

아이의 그 한마디 앞에서, 늘 좋은 엄마로 남고 싶었던 저는 어느새 아이와 같은 눈높이에서 맞서고 맙니다. 그 순간만큼은 어른도, 엄마도 아닌 채로 말입니다. 하지만 밤이 되어 곤히 잠든 아이의 얼굴을 바라보고 있으면, 저는 조용히 속삭입니다.

"엄마가 미안해. 엄마도 처음이라 많이 서툴러."

날 선 말을 내뱉고 나면 곧바로 자책이 따라옵니다. 나의 말과 표정이 아이 마음에 상처로 남지 않았을지 되짚게 됩니다. 생각은 꼬리를 물고 이어지고, 마음은 점점 무거워집니다. 반성하지만 같은 순간은 다시 반복됩니다.

그때마다 스스로에게 묻습니다.

나는 어떤 엄마인가.

초등 교사로 일한 지 10년쯤 되었을 무렵, 저는 늦은 나이에 두 아들을 일 년 터울로 낳았습니다. 연년생 아들을 키운다고 하면, 사람들은 종종 이런 말을 건넸습니다.

"딸 둘이면 금메달, 아들 둘이면 목메달인데… 어떡해요?"

"엄마 성격 많이 거칠어졌을 텐데, 괜찮으세요?"

"아이고… 얼마나 힘드시겠어요."

그 말들 속에는 걱정과 연민, 그리고 단정 짓는 시선이 함께 담겨 있었습니다.

그런데 제 기억 속에 더 또렷하게 남아 있는 것은 힘든 순간보다 아이들과 함께 웃었던 장면들입니다. 연고 하나 없는 타지에서 시작한 결혼 생활, 육아 휴직 없이 이어가야 했던 시간 속에서도 저는 자주 이렇게 생각했습니다.

'아, 내가 이 사랑스러운 아이들의 엄마가 되었구나.'

그 사실 하나만으로도 하루는 충분히 따뜻했습니다.

만 3세까지의 시기는 뇌 발달이 가장 활발한 결정적 시기라고 합니다. 저는 아이들을 더 자주 안아 주고 더 많이 사랑을 표현하려 노력했습니다. 아이들은 고맙게도 부모의 말에 귀 기울이며 건강하게 자라주었습니다. 교육학을 전공하고 초등 교사로 쌓아온 경험 덕분에 생활 습관과 학습, 친구 관계 같은 양육의 과제들도 비교적 수월하게 지나올 수 있었습니다.

그러나 아이들이 초등학교 고학년에 접어들고 사춘기가 시작되면서, 그동안 보이지 않던 문제들이 서서히 드러나기 시작했습니다. 부모와 자녀 사이에도 작은 균열이 생겨났습니다. 자아가 또렷해진 두 아이를 마주하며, 저는 그들을 있는 그대로 바라보지 못했습니다. 아이의 기질보다 내가 옳다고 믿는 기준을 앞세우고 있었습니다.

그러던 어느 날이었습니다.

TV에서 〈금쪽같은 내 새끼〉를 보고 있던 제게 작은아들이 다가와 말했습니다.

"이런 거 백날 보면 뭐해요? 엄마는 뭐 바뀌지도 않을 거면서."

그 말은 가슴에 그대로 꽂혔습니다.

아이의 눈빛은 이렇게 말하는 듯했습니다.

'문제는 내가 아니라 엄마잖아요.'

저는 그 시선을 피할 수 없었습니다. 이미 아이는 자신의 생각을 분명하게 표현하고 있었지만, 저는 여전히 아이를 '어린아이'로만 보고 있었던 것은 아닐까 돌아보게 되었습니다.

그날 이후, 나를 향해 질문을 건네기 시작했습니다.

'아이와의 관계를 지키면서 사춘기라는 시간을 잘 건너려면, 나는 무엇을 해야 할까.'

그 질문은 저를 부모로서 전혀 다른 여정으로 이끌었습니다. 부모 교육 도서를 읽고, 강의를 들으며 답을 찾기 시작했습니다. 그러던 중, 한동안 잊고 지냈던 하브루타가 다시 눈에 들어왔습니다. 처음에는 단순한 학습법으로 여겼지만, 다시 보니 그 안에는 전혀 다른 의미가 담겨 있었습니다.

부모의 태도는 아이의 배움을 넘어 관계와 성장으로 이어진다는 사실.

그리고 부모는 아이를 끌고 가는 존재가 아니라, 함께 걸어가는 사람이라는 점.

그 발견은 제 마음을 깊이 흔들었습니다.

이후 저는 하브루타 부모 교육사 과정을 통해 1년 넘게 부모 교육을 공부했습니다. 사춘기는 뇌 발달이 다시 활발해지는 두 번째 중요한 시기입니다. 이 시기를 지나고 있는 두 아이가 부모와의 관계를 지키며 건강하게 성장하길 바랐습니다. 하브루타 대화를 실천하며, 저는 한 가지를 분명히 알게 되었습니다. 아이를 바꾸기 전에 부모가 먼저 변해야 한다는 것입니다. 아이에게 가정은 세상의 전부이고, 그 중심에는 언제나 부모가 있습니다.

이 책은 그 여정의 기록입니다.

1장에서는 사춘기 자녀와의 갈등 속에서 부모가 느끼는 무기력함을, 2장에서는 아이를 바꾸려 했던 부모로서의 성찰을, 3장에서는 하브루타 대화를 통해 다시 관계를 회복해 가는 과정을, 4장에서는 일상 속에서 실천한 하브루타의 변화를, 5장에서는 부모의 성장이 아이의 성장을 이끈다는 메시지를 담았습니다.

김창옥 교수는 "좋은 부모란 아이의 마음 깊숙한 곳에 닿아 그 마음을 캐내는 사람"이라고 말합니다. 저 역시 두 아들을 키우며, 하브루타를 통해 아이의 마음을 조금씩 이해하게 되었습니다. 완벽한 부모는 없습니다. 우리는 실수하고 배우며, 그 과정 속에서 부모로 성장해 갑니다.

이 책이 사춘기 자녀와의 관계 앞에서 길을 찾고 있는 부모님들께 작은 길잡이가 되기를 바랍니다.

2026년 4월

윤미경

1장

사춘기, 왜 우리는 아이와 멀어질까

* 1 *

"몰라요, 됐어요" 방문이 닫히는 순간

9월 어느 날 아침, 눈을 뜨자 창밖에는 폭풍우가 몰아치고 있었다. 바람은 우산을 뒤흔들고, 굵은 빗줄기는 창문을 세차게 두드렸다. 집에서 아이들 학교까지는 버스로 세 정거장 남짓이었다. 작은아이는 출근길에 태워 달라며 조르지만, 큰아이 마음이는 달랐다. 편한 방법을 두고도 친구와 함께 걸어가겠다며 먼저 집을 나섰다.

"오늘은 비가 너무 많이 온다. 바람도 장난 아니야. 엄마 차 타고 같이 가자. 친구도 태워줄게."

"아니에요. 그냥 친구랑 얘기하면서 걸어갈게요."

"그래? 비 많이 오니까 조심해서 가."

신발과 양말이 젖지는 않을지, 책가방 속 책은 괜찮을지, 우산이 날아가지는 않을지 걱정됐지만 아이를 붙잡지는 않았다. '이 폭풍우 속에 정말 괜찮을까?' 하는 불안이 스쳐 지나가며 몇 년 전의 기억이 겹쳐 떠올랐다.

마음이의 초등학교 졸업 앨범 촬영 날이었다. 평소처럼 편한 트레이닝 바지와 티셔츠를 입힐 수는 없었다. 오래 남는 사진이었기 때문이다. 나는 '졸업 앨범 패션'을 검색해 단정해 보이는 청바지와 폴로 셔츠를 주문했다. 무난한 성격의 아이라 따로 의견을 묻지 않았다. 막상 옷을 입히자 낯선 스타일이 불편했는지 몸을 비틀며 싫은 기색을 보였다.

촬영 당일, "오늘 하루만 입어 보자." 하고 달래며 등교 준비를 서둘렀다. "졸업 사진 잘 찍고 와."라는 말을 남기고 먼저 집을 나섰다.

퇴근해 집에 들어섰을 때, 아이의 모습에서 이상한 점이 눈에 들어왔다. 폴로 셔츠의 깃이 밖으로 자연스럽게 펼쳐져 있어야 하는데 안쪽으로 모조리 말려 들어가 있었다.

"이거 왜 이래? 옷을 이렇게 입고 간 거야?"

"원래 이렇게 입는 거 아니에요?"

"잠깐… 그 모습으로 졸업 사진도 찍었단 말이야?"

순식간에 마음이 철렁 내려앉았다. 화가 치밀어 올라 목소리가 저도 모르게 높아졌다.

"열세 살이나 돼서 옷 하나 제대로 입는 법도 몰라? 친구나 선생님, 사진 기사님도 아무도 얘기 안 해줬어?"

아이의 눈이 동그래졌다. 잠시 후 울먹였다.

"목덜미가 까슬까슬해서 안으로 넣었어요. 이런 옷 처음 입어봤는데 제가 어떻게 알아요?"

옷 하나 제대로 입지 못하는 6학년 아이의 엄마이자, 사소한 일로 호들갑을 떠는 학부모로 보일까 싶어 담임 선생님께는 선뜻 연락을 드리지 못했다. 대신 교무실로 전화를 걸어, 문의할 일이 있다는 듯 사진관 연락처를 부탁했다. 번호를 받아 들고서야 숨을 한 번 고른 뒤 전화를 걸었다.

"사장님, 죄송하지만요… 아이가 옷을 잘못 입고 졸업 사진을 찍었다고 해서요. 혹시 사진관에 직접 가서 다시 찍을 수 있을까요?"

전화를 받은 사진사는 대수롭지 않다는 듯 답했다.

"전학 오거나 결석한 친구들 사진 찍으러 2학기에 다시 갈 거예요. 그때 찍으라고 하세요."

사진사의 말을 전했지만, 이미 마음이 상한 아이는 더 이상 말을 잇지 않았다. 방문을 '쾅' 닫고 들어가 문을 잠가 버렸다. 평소 곰살맞던 아이는 어느새 "몰라요, 됐어요."라는 말로 나를 밀어냈고, 나 역시 사과하지 않은 채 며칠간 어색한 시간을 보냈다.

돌이켜보면, 그날 닫힌 것은 아이의 방문만이 아니었다. 내 마음도 함께 닫혀 있었다. 아이를 탓하기에 앞서 먼저 마주해야 했던 것은 내 안의 조급함이었다. 옷을 제대로 입지 못한 아이에게 화를 낸 것도 결국 그 조급함에서 비롯된 일이었다. 졸업 사진만큼은 잘 나오게 해야 한다는 마음, 좋은 부모로 보이고 싶다는 욕심이 나도 모르게 강박이 되어 있었다. 그 바람이 어긋나자 나는 아이에게 과하게 반응했다.

결국 2학기가 돼서도 사진은 다시 찍지 못했다. 졸업식이 끝난 뒤 앨범을 받아 들고 가장 먼저 아이의 사진을 펼쳐 보았다.

"거봐요. 그렇게 티 안 나죠?" 마음이가 옆에 와 앉으며 조금 시큰둥하게 말했다.

내 눈에는 옷매무새가 어색했지만 아이는 웃었다. 그 모습을 보자, 내가 앞서 호들갑을 떨었다는 사실이 분명히 느껴졌다. 사소한 일을 키워 의미를 부여했던 것이다. 졸업 앨범은 그 뒤 다시 열지 않았다. 지나고 보니, 아무 일도 아니었다.

부모가 할 일은 아이를 통제하거나 바로잡는 것이 아니라, 스스로 선택하고 경험하며 배우도록 기다려 주는 일이다. 때로는 폭풍우 속을 걷는 경험이나 서툰 옷차림이 오히려 더 큰 성장을 이끌기도 한다. 아침, 문을 나서는 아이의 뒷모습을 바라보며 마음속으로 다짐했다. 아이의 선택을 존중하고, 그 뒤에서 묵묵히 지켜보겠다고. 부모의 역할은 옷깃을 반듯하게 고쳐 주는 데 있지 않았다. 어색하고 미숙한 모습까지 품어 주는 마음에 있다는 것을, 그날의 폭풍우가 가르쳐 주었다.

* 2 *

작은 말에도 터지는
감정의 댐

10여 년 전, 초등학교 1학년 담임을 맡았을 때였다. 3월 초만 해도 꽃샘추위가 기승을 부려, 파카를 단단히 입어도 매서운 바람에 어깨가 절로 움츠러드는 아침이었다. 온 학교가 고요한 이른 시간, 아직 8시도 되기 전 우리 반 교실에는 이미 불이 켜져 있었다. 이상한 예감에 문을 열었더니 교실 한가운데 승아가 혼자 앉아 있었다. 헝클어진 머리에 얇은 티셔츠, 7부 레깅스 차림이었다. 양말도 신지 않은 맨발이었다. 오후에는 돌봄교실로 쓰이는 온돌 교실이라 평소 실내화를 신지 않았는데, 보일러를 켤 줄 모르는 아이는 차가운 바닥 위에서 발을 떨고 있었다.

"승아야, 왜 이렇게 빨리 왔어? 너무 춥겠다."

나는 얼른 바닥 난방과 온풍기를 켰다.

"선생님, 엄마가 새벽에 공장에 출근해서 저 혼자 학교 왔어요. 우리 엄마 김치 공장에서 일해요."

여덟 살 아이가 아침 일찍 혼자 옷을 챙겨 입고, 아침도 거른 채 등교했다니. 아직 엄마 손길이 필요한 나이였다. 그때 나는 승아 엄마가 너무 무심하다고 생각했다.

신언서판(身言書判)이라는 말처럼, 나는 용모 단정을 기본 중의 기본으로 여겼다. 깨끗한 옷차림, 주기적으로 세탁하는 운동화와 실내화, 제때 하는 이발, 손톱 깎기, 샤워와 양치까지. '엄마가 아이를 잘 돌보지 않는다'라는 말을 듣고 싶지 않아 두 아들을 늘 깔끔하게 키우려 애썼다. 옆머리가 귀를 덮으면 곧장 아이들을 데리고 집 앞 미용실로 갔다.

어느 날, 초등학교 5학년이 된 작은아이 바람이를 데리고 미용실에 갔다. 바람이는 만화 『슬램덩크』의 강백호처럼 빨간 머리로 염색해 보고 싶다며 졸랐다. 빨간 머리라니. 나는 날라리들이나 하는 일이라며 단호하게 거부했다.

그러자 바람이는 미용실 원장에게 작은 소리로 말했다.

"원장님, 앞머리는 조금만 잘라주세요."

커트를 마친 아이를 보니 일주일도 안 돼 눈을 가릴 것 같은 앞머리였다. 길이를 조금 더 잘라 달라는 말에 원장은 웃으며 말했다.

"에이, 요즘 아이들 자기 주장이 얼마나 강한데요. 그냥 두세요."

중학생이 되자 아이들은 자기 스타일대로 머리를 자르겠다며 미용실 동행을 거부했다. 앞머리에 덮인 이마에는 울긋불긋 여드름이 올라왔다. 그 모습을 볼 때마다 가위를 들고 싶은 충동이 일었고, 내 마음도 거칠어졌다.

아이들의 중학교는 새로 개교한 신설 학교였다. 교복은 맨투맨 티셔츠와 점퍼로 편안했다. 여름에도 반팔 티셔츠에 체육복 반바지를 입고 등교할 수 있다니, 내가 학교 다니던 시절과 비교하면 훨씬 자유로워진 느낌이었다.

그런데 바람이는 40도에 가까운 한여름에도 하복을 입지 않았다. 일 년 내내 동복 차림으로 등교했다. 등하굣길에 마주치는 다른 중학생들은 모두 반팔, 반바지 차림인데, 유독 바람이만 긴바지와 긴 티셔츠를 입고 있었다.

그 모습을 보니 예전 승아의 계절에 맞지 않는 옷차림이 떠올랐다. 그때 승아 엄마를 무심하다고 판단했던 것처럼,

바람이 담임 선생님도 우리 아이를 제대로 돌봄 받지 못하는 아이로 보지는 않을지 걱정됐다.

"덥지 않아? 왜 반팔을 안 입는 거야?"

"교실에 에어컨 켜서 춥다니까요."

"그럼 반팔 교복 입고 점퍼 하나 더 갖고 다니면 되잖아. 추우면 입고, 더우면 벗고."

"그만 말하세요. 제가 알아서 할게요."

아침마다 같은 말이 반복됐고, 실랑이도 점점 잦아졌다. '제가 알아서 할게요.'라는 말 한마디에 마음이 무너지고 화가 치밀어 올랐다. 알아서 하겠다는 말은 반항처럼 들렸고, 나는 왜 엄마 말을 귓등으로 흘리느냐며 목소리를 높였다. 서로의 마음을 듣는 대화는 시작조차 되지 않았다.

혹시 심리적인 이유가 있을까 싶어 조심스럽게 물어보기도 했지만, 아이는 그저 춥다며 더 이상 말을 이어가지 않았다. 마른 체형이라 앙상한 팔다리를 드러내기 싫어서인지, 제모기를 사 달라는 걸로 보아 털이 신경 쓰이는 건지 짐작할 뿐이었다.

지금 돌이켜보면 갈등의 원인은 아이의 고집이 아니었다.

내가 세운 '단정함의 기준'과 그것이 옳다고 믿으며 끝까지 밀어붙이려 했던 내 태도였다. 아이의 목소리를 들으려 하기보다 내 기준만 앞세웠으니, 대화는 막힐 수밖에 없었다. 단정함을 지켜 주려는 마음이 때로는 아이의 개성을 억누르는 족쇄가 될 수 있다는 사실을 이제야 깨닫는다. 예전에는 자녀를 챙기지 않는 무심한 부모를 탓했지만, 돌아보니 나 역시 아이의 목소리를 흘려보냈다. 사춘기 아이에게 필요한 것은 더 많은 조언이 아니라, 판단을 멈춘 어른 한 사람이라는 것을 배워 간다. 내가 붙잡던 기준을 내려놓고, 아이가 선택한 모습 속에서 그 아이만의 이유를 이해하려 애쓰는 것. 그것이 지금 내가 연습하는 엄마의 태도다.

* 3 *

내가 뭘
잘못 키운 걸까

2010년, 큰아이 마음이가 태어날 무렵, 국내 스마트폰 시장이 급성장하고 있다는 소식이 들렸지만 나는 관심이 없었다. 몇 해가 흐른 어느 날, 우리 가족은 식당에 갔다. 신발을 벗고 좌식 테이블에 앉았다. 바로 옆 테이블에서 6살쯤 된 아이가 스마트폰으로 뽀로로 영상을 보고 있었다. 엄마는 아이에게 밥을 떠먹였다. 조그만 화면 속에서 뽀로로가 흐르자 마음이는 신기한 듯 살짝 몸을 기울여 힐끗거렸다.

나는 묘한 불편함을 느꼈다. 학교에서도 학년을 막론하고 학생들이 번쩍이는 영상과 게임에 빠지는 모습을 보는 것이 늘 부담스러웠다. 무분별한 전화와 카톡 사용에 노출되는 것도 달갑지 않았다. 그래서 나는 아이들이 스스로 절제할 수 있을 때까지 스마트폰을 주지 않기로 결심했다. 빌 게이츠가 세 자녀에게 열네 살 이전까지 휴대폰을 허락하지 않았다는 이야기가 내 결심을 더욱 굳게 만들었다.

마음이가 초등학교 4학년이 되던 해, 코로나19로 학교가 멈췄다. 집에서 온라인 수업을 듣게 되었지만, 컴퓨터와 온라인 환경에 익숙하지 않은 마음이는 늘 도움을 필요로 했다. 나는 매일 출근해야 했고, 수업 중 문제가 생기면 마음이는 집 전화로 내게 전화를 걸었다. 화면을 직접 볼 수 없어 답답했다.

결국, 수업을 바로 확인하고 도와주기 위해 영상 통화가 가능한 키즈폰을 사주었다. 하지만 아이는 큰 관심이 없는 듯했다. 충전도 제대로 하지 않았고, 등교 날에도 휴대폰을 챙기지 않았다.

시간이 흘러 키즈폰 2년 약정이 끝날 무렵이었다.

"마음아, 왜 휴대폰 안 들고 다녀?"

"엄마, 이제 6학년도 되었는데 키즈폰은 너무하잖아요. 다른 기종으로 바꿔주세요. 그리고 카톡도 허락해주세요."

아이의 말은 숨 돌릴 틈 없이 이어졌다.

"선생님과 친구들이 함께하는 우리 반 단톡방에 저만 빠져 있어요. 엄마, 저 왕따 돼도 괜찮아요?"

물론 아들이 왕따가 되는 걸 바라지 않았다. 하지만 단톡방에서 오가는 무분별한 대화가 머릿속을 스쳤다. 학교에서 본 수많은 비방과 뒷담, 그로 인해 퍼지는 학교 폭력이 우리 아이에게 닥칠지도 모른다는 불안이 밀려왔다. 아이를 믿고 싶었지만, 엄마로서 불안은 쉽게 가라앉지 않았다.

사이버 폭력 사례를 하나하나 이야기하고, 온라인에서 지켜야 할 규칙을 여러 번 확인한 뒤에야 새 스마트폰을 사주고 카카오톡을 깔아주었다.

그러나 온라인 세계를 나와 공유해 줄 것이라는 기대는 오래가지 못했다. 마음이는 사춘기에 접어들며 자신의 프라이버시를 지켜 달라 했고, 휴대전화에 잠금 패턴을 설정했다. 그렇게 아이의 온라인 세계는 조용히, 그러나 분명하게 닫혔다.

우리 집은 대체로 일찍 잠자리에 든다. 밤 10시면 집안이 조용하다. 그날도 중학교 2학년 마음이는 일찍 자겠다며 밤 9시 30분쯤 방으로 들어갔다. 나는 거실에서 컴퓨터 작업을 하고 있었다. 자정을 넘길 무렵, 낮게 울리는 목소리가 들렸다. 마음이가 방에서 친구와 통화하는 소리였다.

아이의 잠든 척하는 모습, 들키지 않으려 애쓰는 모습이 머릿속에 선명히 그려졌다. 몸이 떨렸다. 의심은 눈덩이처럼 불어났고, 상상은 걷잡을 수 없이 커졌다.

'잠을 자겠다며 일찍 들어간 줄 알았는데, 사실은 방 안에서 뭔가를 하고 있었구나. 매일 밤 이렇게 지내던 걸까? 내가 모르는 아이의 시간이 이렇게 많았던 걸까….'

믿었던 도끼에 발등을 찍힌 듯한 기분이었다. 부모가 알고 있는 모습이 전부가 아니라는 생각이 들었다. 아이 방문을 노크했지만, 잠겨 있었다. 안에서는 아무 소리도 들리지 않았다.

"빨리 자."

역시 대답은 없었다. 실망을 어떻게 전할지, 어떤 말로 시작할지 쉽게 정해지지 않았다. 서로 감정을 상하지 않게 하면서, 아이가 자신의 행동을 돌아보도록 말하고 싶었다.

다음 날 아침, 마음이는 들켰다는 걸 의식한 듯 내 시선을 피했다.

"혼내려는 게 아니야. 숨어서 하니까 걱정됐어. 잘못한 게 있으면 그대로 말해 줬으면 해.”

속마음을 드러내지 않고, 화를 누르며 비난하지 않으려 마음을 다잡았다. 감정을 걷어내고 말을 고르려 했다.

만약 배신감에 휩싸여 ‘엄마를 속인 나쁜 아들’이라며 아이를 몰아세웠다면, 아이는 분명 입을 닫았을 것이다. 실랑이 끝에 대화는 원망과 비난으로 흘러갔을 것이고, 아무것도 해결되지 않은 채 감정의 골만 깊어졌을 것이다.

아이들이 어렸을 때는 엄마의 꾸중이 통했다. 그러나 중학생이 되자 상황이 달라졌다. 감정이 폭발한 엄마 앞에서 아이는 마음을 닫았고, 그 눈빛에서는 어른을 재단하는 기색마저 느껴졌다. 꾸중은 더 이상 통하지 않았다. 나는 그 과오를 되풀이하지 않으려고 다짐했다.

‘나는 어른이고, 부모다. 아이들은 사춘기를 지나며 호르몬이 요동친다. 어른으로서 먼저 감정을 다스리고, 현명하게 대화하는 모습을 보여야 한다.’

자녀를 키우는 일은 결국, 나 자신을 다시 키우는 일이기도 하다.

* 4 *

부모의 권위는 왜 흔들릴까

"엄마, 여기 봐요. 치즈."

큰아이 마음이가 다섯 살쯤 되었을 때였다. 더는 쓰지 않는 디지털카메라를 장난감처럼 준 터였다. 마음이는 신이 나서 좋아하는 장난감과 스스로 그린 그림을 카메라에 담았다.

몇 년 후, 우연히 마음이가 찍어 둔 사진들을 하나씩 살펴보았다. 그 안에는 내 모습도 있었다. 퇴근 후 아이들 가방을 정리하던 나, 작은아이와 마주 앉아 그림을 그리던 나. 렌즈 속 나는, 내가 미처 깨닫지 못했던 행복한 엄마였다.

초보 엄마로서 직장 생활과 육아, 살림을 병행하는 일은 쉽지 않았다. 결혼과 함께 고향을 떠나왔고, 양가 부모님은 모두 제주에 계셔 도움을 받을 곳도 없었다. 남편 사업이 위기를 맞아 가정의 평온이 흔들릴 때도 있었다. 그럼에도 집안에 퍼지는 아이들의 웃음소리, 별일 아닌 일에도 지어 보이는 미소와 애교 앞에서 내 입가에도 어느새 웃음이 번졌다.

아이들이 어릴 때는 손이 많이 갔다. 육아 휴직 한 번 없이 작은아이를 아기 띠로 안고, 큰아이는 유모차에 태운 채 병원과 마트, 놀이터, 도서관을 오갔다. 어린이집에는 늘 가장 먼저 맡기고 가장 늦게 데려왔다. 아이들이 유치원생, 초등학생이 되자 풍경이 조금 달라졌다. 목욕을 스스로 하고, 장난감을 정리하며, 설거지를 돕겠다며 팔을 걷어붙이기도 했다. 밥을 먹고 나면 자기 그릇을 설거지통에 넣는 일도 자연스레 해냈다. 연년생 아들 둘을 키우느라 힘들지 않냐는 말을 들을 때면, 나는 늘 이렇게 답했다.

"우리 아이들은 착해서 괜찮아요."

그때, 이런 아이들이라면 열 명이라도 키울 수 있겠다고 진심으로 믿었다. 그러나 사춘기에 접어들자 아이들의 책상과 책가방은 늘 어질러져 있었고, 옷은 방구석 어딘가에 처박혀 있었다. 휴대전화에 매달리는 시간도 점점 늘었다. 공부하는 태도와 툭툭 던지는 말투도 내 마음에 들지 않았다.

예전에는 함께 외출하자면 흔쾌히 따라나서던 아이들이, 이제는 함께 가기 싫다며 단호히 거절했다. 그 거절 앞에서 나는 어떻게 반응해야 할지 몰랐다. 사랑스럽고 좋은 냄새가 나던 아기들이었는데, 이제 내 말은 좀처럼 닿지 않았다. 아이들은 자신을 아직 어린아이 취급한다며 못마땅해했고, 사춘기 단골 멘트인 "제가 알아서 할게요."를 외치며 방문을 닫았다. 나는 "알아서 하는 게 이거야?"라고 소리치며, 잔소리와 지적을 멈추지 못했다. 그제야 사춘기 남자아이들을 맞이할 준비가 부족했음을 실감했다.

작은아이의 열네 번째 생일을 맞아 자전거를 사러 매장에 갔다. 바람이는 망설임 없이 픽시 자전거가 전시된 쪽으로 나를 이끌었다.

"엄마, 픽시 완전 멋있죠? 요즘 친구들은 모두 이거 타고 다녀요."

그때 큰아이가 슬쩍 다가와 내 귓속에 속삭였다.

"이거, 브레이크 없는 자전거예요."

"뭐? 브레이크가 없으면 완전 위험하잖아. 바람아, 픽시는 안 돼. 다른 걸 골라."

결국 바람이를 겨우 설득해, 평범하고 안전한 자전거를 샀다. 계산을 마칠 때까지도 아이는 내내 아쉬운 표정을 지었다. 집으로 돌아오는 길, 바람이가 나를 바라보며 말했다.

"엄마는 왜 이렇게 안 되는 게 많아요? 픽시도 안 되고, 파자마 파티도 안 되고, 어른 없는 친구네 집에도 가면 안 되고…."

한숨을 길게 내쉰 아이는 말을 이어갔다.

"엄마가 초등학교 저학년 담임만 오래 해서 그런지 세상 물정을 너무 몰라요. 요즘 중학생들은 엄마 때랑 달라요. 너무 온실 속 화초처럼만 키우지 말라고요."

아이 안전을 위해 혹시 모를 사고를 막고자 '안 된다'라고 당부하는 것이 부모의 역할이라고 믿었다. 그러나 바람이에게는 그 말이 자유를 억압하고, 자신을 믿지 않는 잔소리처럼 들렸던 모양이다. 바람이는 내 태도를 가감 없이 평가하며 자신의 생각을 또렷하게 말했다. 그 모습을 보며, 순간 부모로서의 권위가 흔들리는 듯한 느낌이 들었다.

그동안 나는 '우리 아들들은 착한 아이들'이라는 이름표를 붙이고, 그 말 뒤에 숨은 압박으로 아이들을 내 뜻대로 이끌어 왔다. 아이들의 몫이어야 할 선택과 판단까지 놓지 못한 채, 주도권을 계속 움켜쥐고 있었다.

아이들 목소리가 이전보다 단단해졌을 때 마음 한편이 무너졌다. 그러나 부모 역할은 주도권을 움켜쥐는 일이 아니라, 아이가 스스로 선택하고 판단할 수 있도록 조금씩 내려놓으며, 함께 나란히 걸어가는 일임을 이제야 깨닫는다. 부모 권위는 아이를 억누르는 힘이 아니라, 아이가 성장하고 변화하는 길을 따라 조정하며 존중하는 태도에서 나온다는 사실을 배운다.

* 5 *

사랑하지만 다가서기 두려운 관계

초등학교 교사로 근무하던 학교에 큰아이 마음이가 1학년으로 입학했다. 혹시 서로 불편해질까 싶어 약속을 정했다. 엄마가 이 학교 선생님이라는 사실은 굳이 밝히지 않고, 복도에서 마주쳐도 "엄마" 대신 "선생님, 안녕하세요"라고 인사하기. 마음이는 묵묵히 그 약속을 지켰고, 눈에 띄는 일 없이 1학년을 보냈다.

이듬해 작은아이 바람이가 같은 학교에 입학했다. 나도 모르게 큰아이 기준으로 같은 기대를 품었다. 하지만 바람이는 학교에 들어서자마자 친구들에게 말했다.

"우리 엄마 이 학교 선생님이야. 나한테 까불지 마."

어느 날 방과 후, 바람이의 담임이 우리 교실 문을 노크했다.

"부장님, 바람이가 실내화로 친구 얼굴을 쳤어요. 맞은 아이도 장난치다 그런 거라 괜찮다 했지만, 얼굴에 자국이 남았습니다. 보호자께 말씀드려야 할 것 같습니다."

"죄송합니다. 제가 바람이와 바로 이야기하고 사과하게 하겠습니다. 상대 부모님께도 직접 연락드리겠습니다."

퇴근길에 아이를 만나자마자 나는 바람이를 다그쳤다. 다시는 그런 행동을 하지 못하도록 싹을 도려내야겠다고 생각했다. 친구를 때렸다는 사실 하나만으로 아이를 죄인처럼 몰아세웠고, 왜 그런 행동을 했는지는 묻지 않았다.

그날 저녁, 집 안에 흐르던 냉기를 느낀 남편은 아이와 얘기를 나눈 뒤 뜻밖에도 나에게 화를 냈다.

"당신, 바람이한테 무슨 일이 있었는지 물어봤어? 당신은 아이 걱정보다 체면이 상해서 화가 난 것 같아. 그럴 거면 바람이 다른 학교로 전학 보내."

아이 문제는 순식간에 부부 싸움으로 번져갔다. 그제야 깨달았다. 나는 바람이를 위해서가 아니라, 동료 교사들 앞에서 체면이 깎일까 두려워하고 있었다. 남의 지적을 견디지 못하는 자존심이 결국 아이에게 향하고 말았다.

초등학교 고학년이 되면서 바람이는 한층 까다롭고 고집스러워졌다. "우리 외식할까?", "밖에 나가 자전거 탈까?"라는 제안에도 돌아오는 답은 늘 "아니", "싫어"였다. 하루 이틀의 일이 아니게 되자, 나는 스스로에게 물었다. 내가 아이가 싫어하는 것만 반복해서 제안하는 걸까? 이 완강함은 도대체 누구를 닮은 걸까? 거절이 쌓일수록 답답함과 실망도 함께 쌓였고, 나는 아이를 제압해 고집을 꺾어야 한다며 점점 다그쳤다. 그 무렵 우리 사이에는 말로 설명하기 어려운 긴장감이 늘 감돌았다.

남편은 근무 중이라 우리 셋만 보내는 토요일이었다. 나는 아이들과 영화도 보고 점심도 먹으며 여유로운 시간을 보내고 싶었다. 작은아이는 싫다며 버텼지만, 회유와 설득 끝에 억지로 극장에 데리고 갔다. 막상 팝콘과 콜라를 손에 쥔 바람이는 금세 웃으며 재잘거렸다.

"거봐, 영화 보러 오길 잘했지? 이왕 나온 김에 점심도 먹고 가자. 너 일본 라멘 좋아하잖아."

"싫어요. 집에 가고 싶어요."

"그럼 우리만 먹을 테니 넌 차에 있어."

말은 그렇게 했지만, 나는 바람이가 곧 따라올 거라 생각했다. 그러나 뾰루퉁한 바람이는 끝내 차에 남아 있었다. 차 안에 홀로 남은 아이의 고요함은 내 마음에 무거운 짐처럼 내려앉았다. 결국 큰아이와 나만 점심을 먹었다. 라멘이 입으로 들어가는지조차 알 수 없었다. 영화도 보고 토요일의 여유를 즐기려던 계획은 이 불편한 점심 앞에서 이미 물거품이 되었다. 그리고 그 원망은 자연스럽게 바람이에게 향했다.

바람이는 싫다는 의사를 분명히 표현하고 있었다. 하지만 나는 아이가 내 말을 듣지 않는다고만 여겼다. 내 입장에서는 억지로라도 끌고 나가야 한다고 생각했다. 그 순간, 바람이는 자신을 존중하지 않는 엄마에게 이미 화가 나 있었을 것이다. 무엇이 잘못된 걸까. 우리는 서로를 이해하지 못했다. 서로의 마음을 읽지 못한 채, 갈등은 날마다 반복되었다.

다툼이 거듭될수록 나는 '아이를 가르쳐야 한다'라는 생각보다, '엄마가 선생님인데 아이 하나 제대로 다루지 못한다'라는 시선이 더 두려웠다. 아이가 왜 그런 행동을 했는지, 무엇을 원하는지 살펴보기보다, 내 기준과 기대에 맞추려 애썼다. 아이의 마음을 이해하려 하기보다, 엄마이자 교사로서 내 자리를 지키는 데 더 많은 마음을 쓰고 있었던 것이다.

바람이와 나는 분명 서로를 사랑했지만, 그 사랑이 오히려 우리 사이를 멀어지게 했다. 아이는 자기 뜻이 존중받지 못해 분노했고, 나는 아이와 부딪히는 것이 두려워 점점 한발 물러섰다. 사랑하지만 선뜻 다가갈 수 없는 관계, 그것이 우리의 현실이었다. 나는 아이를 어떻게 이해해야 할지, 어디서부터 다시 시작해야 할지 알 수 없었다. 결국, 부모의 사랑만으로는 충분하지 않다는 사실을 받아들일 수밖에 없었다. 그제야, 아이와 진짜 마음을 나누기 위해 나 역시 배워야 한다는 절실함이 마음 깊이 다가왔다.

* 6 *

비교의 늪에 빠진 부모

작은아이 바람이가 초등학교 2학년을 마칠 즈음, 우리는 더 나은 교육 환경을 찾아 바로 옆 도시로 이사했다. 아이들이 다니게 될 학교는 집과 담 하나를 맞댄, 부모라면 누구나 반길 만한 '학세권'이었다. 하지만 기대와 달리, 대규모 학교에 적용된 코로나19 방역 지침 때문에 등교하는 날보다 집에 머무는 날이 더 많았다.

초등학교 2학년까지의 교육 과정은 국어와 수학, 그리고 통합 교과로 구성된다. 이 시기의 배움은 지식 전달보다는 놀이와 활동을 통해 자연스럽게 익히는 데 초점이 맞춰져 있다. 읽기 · 쓰기 · 셈하기, 이른바 3Rs(Reading, wRiting, aRithmetic)만으로도 수업을 따라가는 데 큰 어려움은 없다.

하지만 3학년이 되면 분위기가 달라진다. 사회, 과학, 영어 등 교과가 본격적으로 분화하면서, 학습 습관을 형성해야 하는 중요한 시기에 접어들기 때문이다. 단순히 아는 것을 넘어, 배운 내용을 이해하고 스스로 정리하는 힘이 요구된다. 배움 노트에 수업 내용을 핵심 주제별로 정리하고, 교과서 지문에서 중심 내용을 가려내는 연습이 필요하다. 수업 시간에는 바른 자세로 교사의 말을 경청하고, 모르는 것이 있으면 주저하지 않고 질문하는 태도도 길러야 한다. 더불어 친구들과의 협력 학습, 토의와 토론, 실험과 실습을 통해 배움을 깊이 확장해 가는 시기이기도 하다.

2020년, 팬데믹은 교실을 중심으로 이어지던 배움의 흐름을 단번에 멈춰 세웠다. 그 여파가 교육의 일상을 이렇게 오랫동안 마비시킬 것이라고는 누구도 예상하지 못했다. 초창기 공교육 현장에는 줌 수업이나 화상 플랫폼을 활용한 실시간 쌍방향 수업이 거의 없었고, 교사가 학습 콘텐츠와 과제를 전달하는 단방향 방식이 대부분이었다.

초등 교사인 나는 매일 출근해 온라인 수업에 쓸 콘텐츠를 찾고 만들며, 학생들에게 전송했다. 집에 머물던 두 아들 역시 담임 교사로부터 전달받은 단방향 수업을 각자 감당해야 했다. 컴퓨터 사용에 익숙하지 않은 아이들에게는 링크를 눌러 순서대로 수업을 듣는 일조차 쉽지 않았다.

막 3학년이 된 바람이는 혼자 인터넷에 접속해 모든 것을 챙기기에는 역부족이었다. 돌봐줄 어른이 없는 집에서 아이는 사실상 방치된 상태였다. 배워야 할 것들이 한꺼번에 도려내진 듯, 학습에는 커다란 구멍이 뚫려 있었다.

퇴근해 집에 돌아오면, 저녁을 먹고 치우기가 무섭게 바람이의 학습부터 점검했다. 빠뜨린 것은 없는지, 딴짓을 하지는 않았는지 잔소리가 이어졌다. 바람이가 정리해 둔 공책이나 과제가 마음에 들지 않으면 처음부터 다시 하게 했고, 모든 일을 마치고 나면 시계는 밤 9시, 10시를 훌쩍 넘기곤 했다.

그동안 두 아들 모두 국어 · 영어 · 수학 같은 교과 학원은 보내지 않았다. 선행을 할 것도 아닌데, 초등 영어와 수학을 굳이 학원까지 가서 배워야 할까 하는 생각 때문이었다. 학교에서 배운 내용을 집에서 문제집으로 복습하면 충분하다고 여겼다.

아이들 역시 학원에 다니고 싶어 하지 않았다. 학교생활만으로도 벅찬데, 왜 또 학원을 가야 하느냐고 되묻곤 했다. 친구들에게서 들은 학원 숙제 이야기는 두 아이에게 학원이라는 공간 자체를 두려운 곳으로 만들었다. 수학 학원을 다니는 친구들 중에도 오히려 수학을 어려워하는 경우가 많다며, 학원을 다닌다고 모두 잘하게 되는 것은 아니라는 생각도 분명히 밝혔다.

아이들이 공부 욕심이 많은 편은 아니었기에, 수학과 영어를 포기하지 않을 정도의 기본만 지켜도 충분하다고 믿었다. 그렇게 시작한 것이 바로 '엄마표 공부'였다.

토요일 오후, 거실 식탁에 앉아 바람이와 함께 수학 문제집을 풀고 있었다. 바람이는 분수 문제 앞에서 끝내 혼자 힘으로 답을 찾지 못했다.

"피자가 한 판 있어. 여덟 조각으로 나눴어. 그중 두 조각을 네가 먹었어. 몇 분의 몇을 먹은 거야?"

"8분의 2요."

"그럼 피자 한 판을 네 조각으로 나눴다면, 아까와 같은 양을 먹은 건 전체의 몇 분의 몇일까?"

"4분의 2요?"

"아휴, 왜 이렇게 헷갈려 하니? 온라인 수업은 제대로 들은 거 맞아?"

분수 문제를 틀린 바람이는 금세 풀이 죽어 연필을 내려놓았다. 엄마의 핀잔이 이어지자, 아이의 눈에서 눈물이 뚝뚝 떨어졌다.

"엄마가 자꾸 화를 내니까 아무 생각이 안 나요. 엄마랑 공부하기 싫어요."

"뭐? 이런 식으로 할 거면 집어치우고, 차라리 수학 학원이나 다녀!"

나와 함께 수학을 공부하던 바람이는, 내 다그침과 핀잔 속에서 공부에 대한 정서가 조금씩 무너져 갔다. 함께 공부할 때마다 갈등이 반복되었고, 굳이 학원을 보내지 않아도 잘할 수 있을 거라는 믿음은 점점 흐려졌다. 어느새, 툭하면 차라리 학원에 보내버리고 싶다는 생각이 먼저 떠올랐다. 학교에서 만나는 아이들에게는 몇 번이고 친절하게 다시 설명해 주면서, 왜 유독 우리 아이에게만 이렇게 감정적으로 대하는지 스스로에게 묻게 되었다. 답은 의외로 분명했다. 비교하는 마음 때문이었다. 친구 아들은 다 잘한다는데, 왜 우리 아이만 이럴까 하는 생각이 나를 자꾸 화나게 했다.

그 안에는 아이에 대한 기대도 숨어 있었다. 사교육 없이도 공부를 잘하는 아이, 바로 우리 아이가 그럴 것이라는 착각이었다. 근거 없는 기대는 나를 더 조급하게 만들었다. 교사인 나는 남의 아이들에게는 무한한 인내를 베풀면서도, 내 아이에게만은 비교와 기대를 앞세웠다. 결국, 아이를 힘들게 한 것은 학습의 어려움이 아니라, 비교와 기대로 점점 깊어지던 부모의 조급한 마음이었다.

7

사춘기,
대화가 사라지는 이유

옆 도시로 이사 오면서, 아이들은 놀이터와 학교, 도서관과 친구들, 합기도 학원과 동네 레고방까지 익숙하고 소중했던 일상들을 모두 뒤로해야 했다. 코로나19로 등교마저 멈추자, 아이들은 집에 갇힌 듯한 답답함을 느꼈다. 그 무렵, 나의 출퇴근 시간도 편도 한 시간 남짓으로 늘어났다.

낯선 환경과 사라진 일상, 친구의 부재에 더해, 엄마와 함께하던 시간까지 줄어들자 아이들 마음에는 커다란 공백이 생겼다. 그 허전함을 채워줄 존재로, 아이들이 떠올린 것은 애완동물을 키우는 일이었다.

"엄마, 우리 너무 심심해요. 밖에도 못 나가고, 학교도 못 가잖아요. 동물 키우면 안 돼요? 제주도 큰집에 있던 하얀 강아지 기억나죠? 해피랑 놀 때 정말 재미있었어요!"

"엄마는 동물 키워 본 적도 없고, 솔직히 좀 무서워. 가까이 오기만 해도 몸이 먼저 움츠러들거든. 게다가 반려동물을 키우는 건 생각보다 손이 많이 가. 결국 엄마 일이 하나 더 늘어나는 거잖아."

"우리가 다 할 수 있어요. 엄마는 하나도 신경 안 써도 돼요. 우리가 알아서 잘 키울게요."

동물을 좋아하는 남편과 두 아들, 그리고 동물 앞에서는 늘 한발 물러서던 나. 그렇게 우리 집에서는 3대 1의 팽팽한 기 싸움이 시작됐다.

마침 남편의 회사 동료가 고양이를 분양한다는 소식을 전해 왔다. 아이들은 다시 한번 눈물 어린 호소로 고양이를 키우자고 졸랐다. 결국 나는, 고양이에 대한 어떤 책임과 의무도 지지 않겠다는 조건을 내걸고 마침내 백기를 들었다.

2020년 9월, 태어난 지 한 달 된 고양이가 우리 집에 왔다. 손바닥 안에 쏙 들어올 만큼 작았고, 노란색과 하얀색이 반씩 섞여 있어 아이들은 이름을 '치즈'라고 지었다. 처음 치즈를 안았을 때, 손끝에서 전해지는 작은 떨림에 아이들의 얼굴에는 놀람과 설렘이 뒤섞인 표정이 떠올랐다. 서로 먼저 안으려 손을 뻗고, 함께 잠을 자려 했으며, 치즈가 자신을 더 좋아한다고 주장하는 은근한 신경전도 벌어졌다.

고양이 화장실 청소부터 물과 사료 주기, 목욕까지, 두 아이는 역할을 나누고 조율하며 하나씩 해나갔다. 비록 누가 더 힘든 일을 맡았는지를 두고 여러 번 다투기도 했지만, 서툴게나마 책임감을 배워 가고 있었다.

치즈가 두 살쯤 되었을 때였다. 아이들이 호들갑을 떨며 설거지를 하던 내게 뛰어왔다.

"엄마, 큰일 났어요! 아빠가 치즈 데리고 밖에 나갔다 들어왔는데 빈손이에요."

"에이, 설마. 아빠가 장난치는 거 아니야?"

남편은 고양이도 산책이 필요하다고 생각해 치즈를 안고 아파트 놀이터로 내려갔다고 했다. 낯선 곳에 나간 치즈는 겁에 질려 품 안에서 바둥거리다 갑자기 뛰쳐나갔고, 어디로 갔는지 알 수 없어 한참을 찾았지만 결국 혼자 돌아올 수밖에 없었다고 했다.

치즈가 사라진 순간, 아이들 눈에 비친 그는 빈손으로 돌아온, 아무것도 하지 않은 사람이었다.

우는 아이들을 달래며 함께 밖으로 나갔다. 어느새 밖은 깜깜해져 있었다. 휴대전화 플래시를 켜고 아파트 단지 놀이터와 화단 구석구석을 비추며 치즈를 찾았다.

"치즈야, 치즈 어디 있어?"

아무리 불러도 치즈는 보이지 않았다. 놀이터에 남아 있던 아이들에게 물어봤지만, 고양이를 봤다는 대답은 돌아오지 않았다. 이미 밤이 깊어, 날이 밝으면 다시 찾아보자고 아이들을 겨우 달랬다.

다음 날 새벽, 아이들은 치즈가 좋아하던 참치 캔과 츄르, 치즈 냄새가 밴 방석까지 챙겨 들고 밖으로 나서려 하고 있었다. 남편은 아이들 곁을 지나, 말없이 출근했다. 아이들은 그 뒷모습을 오래 바라봤다. 누구도 아무 말도 하지 않았다. 그 침묵 속에서, 그날 아침의 아빠는 치즈를 잃어버린 사람이 아니라, 아이들의 마음이 얼마나 아픈지 보지 못한 사람으로 남았다.

아이들은 치즈를 찾을 때까지 학교에 가지 않겠다고 했다. 그 말을 듣고, 나는 더 이상 아이들 마음을 외면할 수 없었다. 그동안 고양이를 돌보지도, 애정을 주지도 않았지만, 이제는 치즈를 찾아야 했다. 아이들을 위해서였다.

수소문 끝에 고양이 탐정에게 연락했다. 치즈가 사라진 지 사흘째 되던 날 새벽 세 시, 잠결에 휴대전화가 울렸다.

“어머님, 화단 구석에서 고양이 한 마리를 발견했는데, 치즈가 맞는지 확인 부탁드립니다.”

1층으로 내려갔다. 탐정이 화단 바위틈에 손전등을 비추자, 겁에 질린 고양이 한 마리가 몸을 웅크리고 있었다. 우리 치즈였다. 살금살금 다가가 난생처음으로 고양이를 가슴에 안았다. 다시 달아날까 봐 숨도 크게 쉬지 못한 채, 꼭 끌어안았다.

치즈를 안고 조용히 집으로 들어왔다. 잠을 설친 아이들은 인기척을 느끼고, 눈을 비비며 거실로 나왔다. 치즈를 확인한 아이들은 안도의 한숨을 내쉬었다.

“휴, 다행이다. 엄마, 정말 고마워요. 치즈를 못 찾았으면 아빠를 평생 용서하지 못했을 거예요. 그래도 아빠가 아직은 너무 미워요."

치즈를 잃어버렸던 날은 단지 고양이 한 마리를 잃은 날이 아니었다. 그날 이후, 아이들은 아빠와 나누던 말을 조금씩 줄여 갔다. 먼저 말을 걸지 않았고, 대답도 짧아졌다. 웃음이 오가던 자리에는 어색한 침묵이 남았다.

그 침묵 속에서 나는 깨달았다. 아이들에게 이 일은 이미 단순한 사건이 아니라, 관계를 다시 바라보게 만든 계기였다는 것을. 엄마로서 나는 고민했다. 어떻게 하면 아이들이 다시 아빠와 웃으며 이야기를 나눌 수 있을까. 그 답을 찾는 일이 이제 내 앞에 놓였다.

8

우리 관계, 어디서부터 다시 시작해야 할까

둘째 바람이는 6개월 간격으로 받던 영유아 건강 검진에서 키 성장이 눈에 띄게 더뎠다. 다섯 살이 되자 의사 권유로 대학 병원 성장 클리닉을 찾았고, 여러 검사를 거쳐 뇌하수체에서 성장 호르몬 분비가 원활하지 않다는 진단을 받았다.

아무거나 잘 먹고 잠도 충분히 잤던 첫째와 달리, 바람이는 신생아 때부터 분유와 이유식을 먹는 일조차 쉽지 않았다. 잠자리에 들 때면 아파트가 떠나갈 듯 울었고, 수면 시간도 늘 부족했다. 먹고 자는 기본 리듬이 흔들린 상태에서 성장 호르몬 문제까지 겹치며, 성장에 불리한 조건들이 동시에 놓여 있었다.

바람이는 애정 표현이 무척 풍부한 아이였다. 하루도 빠짐

없이 "엄마, 사랑해"라고 말하며 침이 묻은 뽀뽀를 아낌없이 퍼부었다. "엄마가 안아줘. 엄마 옆에 앉을 거야."라고 말하며, 자신이 엄마를 얼마나 좋아하는지 확인시켜 주곤 했다. 그런 엄마만 찾는 바람이에게 나는 단호하게 훈육하지 못했다. 아이가 밥을 먹지 않으면 밥상을 치우라는 수많은 육아 전문가들의 조언이 있었지만, 한 숟가락이라도 더 먹이고 싶은 마음에 아이를 쫓아다녔다. 작고 마른 아이를 보면 안쓰러워 달래다가도, 끝내 먹지 않으면 화를 내기를 반복했다.

아이의 키만 더딘 것이 아니었다. 자기중심적인 행동도 눈에 띄기 시작했다. 성격은 점점 날카로워졌고, 작은 일도 쉽게 넘기지 않았다. 장난감 놀이와 보드게임에서도 늘 양보하는 쪽은 큰아이였다. 어려서 그런가, 막내라서 그런가 하며 넘기려 했지만, 그런 장면들은 점점 내 눈에 문제로 들어오기 시작했다. 학령기에 접어들면서 나는 아이를 자주 다그치게 되었다. 부모의 눈에도 부족한 점이 계속 보이니, 교사의 시선에서 아이가 어떻게 비칠지 마음이 쓰였다.

바람이의 초등학교 6학년 여름 방학식 날이었다. 내가 근무하는 학교는 이미 방학에 들어가 있었고, 나는 밀린 집안 일을 하며 아이들 점심을 준비하고 있었다. 하교 시간이 가까워질 즈음, 갑자기 빗방울이 떨어지기 시작했다. 아이들이 전학을 간 뒤로 몇 년째 등하교를 챙기지 못했던 일이 늘 마음 한편에 남아 있었다. 그날만큼은 여느 엄마들처럼 우산을 들고 교문 앞에서 기다릴 수 있는 기회였다. 아이가 놀란 얼굴로 나를 바라보다가 이내 환하게 웃을 모습을 떠올리자, 가슴이 절로 설렜다.

교문을 들어서자, 여러 학급의 아이들이 한꺼번에 내려와 신발을 갈아 신고 있었다. 북적이는 틈 속에서도 바람이는 금세 눈에 들어왔다. '훈련소 수료식에서 자기 아들은 멀리서도 알아본다'라는 말이 떠올랐다. 선생님 앞에 모인 아이들은 "여름방학 잘 보내!"라며 인사를 나누고 있었다. 그때, 바람이의 시선이 내게 멈췄다. 나를 알아본 것이다.

방학 인사를 마친 바람이는 나를 투명인간처럼 스쳐 지나갔다. 분명 나를 봤는데 이상했다.

"바람아, 우산."

"왜 왔어요?"

"비 오잖아. 다른 때는 못 챙겨줘도, 엄마가 집에 있으면서 아들 비 맞고 오게 하는 건 말이 안 되지."

"친구랑 같이 쓰고 가면 되죠."

아이는 나를 보지 않은 채, 앞만 향해 말하며 팔을 뻗어 우산을 받았다.

"왜? 엄마가 와서 창피해?"

대답은 없었다. 다른 아이들은 우산을 든 부모에게 달려가 웃으며 말을 나눴다. 바람이는 아파트에 들어설 때까지 앞서 걸었다. 나는 생각에 잠겼다. 내 행동 가운데 무엇이 아이를 화나게 했을까. 옷차림이었을까, 화장기 없는 얼굴 때문일까, 아니면 다 큰 아이 앞에 우산을 들고 선 엄마 모습이 부담이 됐을까. 생각이 이어질수록 마음은 점점 무거워졌다.

아이에게 섭섭했다. 예상과 전혀 다른 반응을 보인 바람이가 이해되지 않았다. 집에 이르는 5분 동안, 아이를 향한 부정적인 감정이 점점 차올랐다.

"아들이 비 맞을까 봐 우산 들고 간 게 그렇게 잘못한 일이야? 알았어. 네가 비를 맞든, 무슨 일이 생기든 이제 상관하지 않을게."

나는 결국 아이에게 쏘아댔다.

아이의 반응은 날카로웠다.

"어른이 뭐 그런 걸로 삐져요?"

악순환은 멈추지 않았다.

별것 아닌 일에도, 아이가 날 선 말을 내뱉거나 발끈하면 나 역시 날이 섰다. '이 아이 부모 노릇이 버겁다. 솔직히 하기 싫다.'라는 생각이 머릿속을 스쳤다. 그즈음 나는 비로소 한계에 다다랐음을 자각했다. 다이어리에 아이와 갈등을 빚은 날마다 표시를 했고, 그 횟수는 점점 늘어났다. 같은 부모에게서 나고 자랐는데도, 왜 큰아이와 이렇게 다른지 이해되지 않았다. 아이의 다름은 내 안에서 어느새 문제로 바뀌어 갔다.

그즈음, 동료 교사의 득남 소식이 학교 단톡방에 전해졌다. 모두가 축하 이모티콘을 보내며 새 생명의 탄생을 반겼다. 나도 작은 선물과 축하 메시지를 보내며 마음을 보탰다.

"오늘 아이를 기다리던 이 마음, 이 순간을 꼭 기억해 주세요. 다시 한번 축하드립니다."

메시지를 보내는 순간, 마음이 울컥했다. 애면글면 키워 온 바람이가 태어났을 때의 기억이 떠올랐다. 손가락과 발가락이 열 개였고, 아픈 곳 없이 건강하게 태어났다. 그저 예뻐, 감동에 겨워 눈물을 흘리던 순간이 선명하게 떠올랐다. 나는 나와 탯줄로 이어졌던 아이가 세상에 나와 내 품에 처음 안겨 젖을 먹던 모습을 떠올렸다. 그 순간의 내 태도, 부모로서의 내 모습을 다시 점검해야겠다고 여겼다.

바람이와 나 사이에 무엇이 문제였을까, 어디서부터 다시 시작해야 할까 자문했다. 더 이상 미루지 않고 해결 방법을 찾아야 했다. 키 성장은 의사가 돕지만, 마음 성장은 엄마 몫이다.

똑똑. 그렇게 나는 하브루타 부모 교육 연구소 문을 두드렸다.

미경 쌤의 부모 생각 노트

오늘 하루 아이와의 대화를 떠올려 보세요.
나는 아이에게 얼마나 질문했을까요?
잠깐 멈춰 스스로에게 물어봅니다.

나는 아이에게 지시보다 질문을 더 많이 했을까?
아이가 말을 시작했을 때 끝까지 들어준 적이 있었을까?
아이의 행동을 고치려 하기보다 마음을 먼저 물어보았을까?
"왜 그랬어?" 대신 "무슨 일이 있었어?"라고 물어본 적이 있었을까?

질문은 아이를 심문하는 말이 아니라 아이의 마음으로 건너가는 다리입니다.
오늘 단 한 번이라도 아이의 말을 끊지 않고 끝까지 들어보세요.
그리고 아이의 생각을 묻는 질문을 건네 보세요.

2장

하브루타는 아이를 바꾸는 기술이 아니다

* 1 *

하브루타가 내게 찾아온 이유

10여 년 전, 하브루타는 교육 현장에서 하나의 흐름처럼 번졌다. 여러 방송 매체에서는 유대인 교육법을 다룬 다큐멘터리가 이어졌고, 관련 서적들도 쏟아져 나왔다. 나 역시 하브루타에 대한 궁금증으로 책을 읽고, 연수에 꾸준히 참여하며 교실 수업에 적용해 보았다. 그러나 그 시절의 나에게 하브루타는, 교과 수업을 운영하고 학생의 사고를 확장하는 하나의 방법에 불과했다.

이후, 나는 승진을 목표로 학교 업무와 연구 대회 준비에 매달렸다. 그 사이 하브루타를 향한 열정도 서서히 식어 갔다. 남편은 사업 실패로 경제적 · 심리적으로 큰 어려움을 겪고 있었고, 아이들은 사춘기를 지나며 내 기대와 자주 어긋났다. 말을 잘 듣고 제 몫을 해 주길 바랐던 마음과 달리, 현실은 늘 삐걱거렸다. 그렇게 우리 가족의 화목도 조금씩 흔들리기 시작했다.

2023년, 내가 속한 교사 모임 '자기 경영 노트 연구소'에서 배수경 선생님의 『하브루타 자존감 수업』을 만났다. 처음에는 '아직도 하브루타?'라는 생각이 스쳤다. 그러나 책을 읽고 북토크에서 저자의 자녀 이야기와 부모로서의 공부 이야기를 들으며, 그동안 외면해 왔던 내 마음을 다시 들여다보게 됐다.

그 책은 하브루타가 단순한 수업 기법이 아니라, 가정에서 시작된 대화의 철학임을 분명히 보여주었다. 그제야 나는 내 한계를 인정했다. 아이와의 갈등을 풀기 위해서는 내가 먼저 달라져야 한다는 사실도 받아들였다. 그때 비로소 부모인 나를 다시 세우는 방식으로 하브루타를 마주하게 되었다.

'하브루타 부모 교육 연구소' 김금선 회장을 만나 하브루타 부모 교육 공부를 시작했다.

"윤미경 선생님은 어떤 부모이신가요?"

"저는 짜증을 잘 내는 부모인 것 같아요."

"그렇게는 전혀 보이지 않는데요?"

"작은아이가 많이 예민해요. 그냥 넘어가도 될 일을 매번 '싫다', '안 한다', '왜 하냐', '왜 엄마 마음대로 정하냐'며 따져요. 계속 그러니 저도 짜증이 납니다."

"아이가 그렇게 말한다니 오히려 좋네요. '프로불평러'라는 말 들어보셨어요? 우리는 사소한 일에 민원을 제기하는 사람을 떠올리며 부정적인 이미지를 먼저 갖지만, 프로불평러는 그냥 넘기지 않고 질문을 던지며 세상을 바꾸는 사람이에요. 세상을 바꾼 많은 시도는 작은 질문에서 시작됐습니다. 누군가 문제를 제기하고 질문을 행동으로 옮겼기에 가능했습니다. 용기 있는 사람이 질문하고 꿈을 품고 추진할 때 세상은 바뀝니다. 이 공부의 목표는 그런 아이로 키우는 데 있습니다. 그러니 따져 묻는 아이에게 이렇게 말해 주세요. '너는 남과 다른 생각을 하는 멋진 아이구나.'"

머리를 세게 얻어맞은 듯 멍해졌다. '아이가 예민하네요'라며 함께 고개를 끄덕일 줄 알았다. 돌아온 말은 정반대였다. 내가 문제로 여기던 예민함이 아이의 장점이라니.

중학교 1학년이던 어느 날, 바람이는 학급별 토너먼트 축구 대회를 앞두고 유난히 불안해했다. 축구를 좋아했지만, 반 아이들이 실력이 부족해 한 번도 이기지 못할까 봐 걱정했다. 혹시 자신의 실수로 팀이 패하면 어쩌냐며 차라리 아파서 학교에 가지 않았으면 좋겠다고까지 말했다. 아이의 예민함이 또렷하게 드러난 순간이었다.

그때 나는 바로 반응하지 않고, 한 템포 숨을 고른 뒤 말을 건넸다.

"괜찮아. 이기지 못할 수도 있어. 그래도 네 플레이가 좋으면 친구들은 알아줄 거야. 결과에 너무 매이지 말고, 최선을 다해 경기하고 와."

며칠 동안 이어진 토너먼트에서 바람이네 반은 4등을 했다. 결과보다 더 마음에 걸린 것은 바람이가 실수한 친구를 탓하지는 않았을지였다.

"엄마네 반에는 실수한 친구에게 '너 때문에 졌다'라고 말하는 아이들도 있더라. 너희 반은 어땠어?"

"엄마, 축구는 팀워크가 제일 중요해요. 같은 팀을 그렇게 대하면 다음에는 기가 죽어서 아예 안 하려고 할 거예요. 다들 '졌잘싸'[*] 라며 괜찮다고 해줬어요."

우승은 하지 못했지만, 친구들과 전략을 세우고 서로를 격려하며 팀워크를 쌓는 과정 속에서 바람이는 한 뼘 자라 있었다. 예민함을 있는 그대로 받아들이고 한발 물러서자 감정의 충돌 없이 대화가 이어졌다. 그제야 나는 몰랐던 아이의 모습을 보게 됐다.

이후 1년 넘게 부모 교육 과정을 배우며 하브루타의 기본 원리를 익혔다. 그 과정에서 부모의 역할이 양육의 일부가 아니라 거의 전부에 가깝다는 사실이 분명해졌다. 부모는 앞에서 끌고 가는 사람이 아니라, 뒤에서 함께 걸으며 지켜보는 존재라는 생각이 마음에 깊이 남았다.

부모와의 관계를 바탕으로 아이가 자기 성장으로 나아가도록 돕고 싶다는 바람도 자연스럽게 따라왔다. 공부를 이어갈수록 아이를 바꾸려 하기보다 나를 먼저 돌아보게 됐다. 이 배움은 아이를 가르치는 기술이 아니라 부모를 성장시키

* '졌지만 잘 싸웠다'의 준말. 아이들의 유행어.

는 과정이었다.

그 과정에서 가장 크게 남은 것은 하나였다.

아이의 세계는 곧 가정이고, 그 중심에는 언제나 부모가 서 있다는 사실이었다.

2

사춘기, 폭풍이 시작되다

"선생님, 저… 죽고 싶어요."

10여 년 전, 내가 6학년 담임을 맡고 있을 때였다. 공부를 잘하는 아이는 아니었지만 성격이 밝고 늘 적극적이던 수진이가 울며 전화를 걸어왔다. 작은 학교였다. 한 학년에 한 반뿐이라 1학년 때부터 함께 지내던 여자아이들 무리가 한꺼번에 수진이를 등졌다. 수진이는 그 일을 감당하지 못했다. 자신이 잘못한 일이 있어 친구들에게 사과했다고 했다. 그러나 받아들여지지 않았다.

괴로움에 몸을 떨며 "죽고 싶다"라는 말만 되풀이했다. 부모는 일찍 세상을 떠났고, 고모네에서 지내며 마음을 기댈 곳도 많지 않았다. 늘 춤추고 까불던 수진이의 표정은 하나둘 사라져 갔다. 월요일마다 친구들과 주말 이야기를 나누던 아이는, 어느새 멍하니 허공을 바라보며 혼자 책상에 앉아 있었다.

그 모습을 떠올리자, 혹시라도 잘못된 선택을 할까 두려워 손이 떨렸다.

"힘들 때마다 선생님한테 전화해. 언제든 괜찮아."

그 말이 아이에게 작은 등불이 되기를 바라며, 나는 조용히 응원했다.

아무도 노골적으로 따돌리지는 않았지만, 담임인 나도 미묘한 기류를 느꼈다. 6년 동안 쌓인 감정이 한꺼번에 터져 나온 탓에, 쉽게 풀릴 수 있는 상황은 아니었다. 대신 내가 맡은 방과 후 배드민턴 수업에서 수진이가 흥미를 보이자, 나는 코트 옆을 지키며 묵묵히 함께했다. 처음에는 어색하게 웃기만 하던 아이가, 차츰 라켓을 힘 있게 휘두르며 생기를 되찾았다. 연극과 학예회, 졸업 공연에서도 곁을 지키며 친구들과 천천히 소통하도록 도왔다. 그렇게 수진이는 조금씩 활기를 되찾았고, 마침내 졸업을 맞았다. 얼굴에는 긴 시간을 견뎌낸 흔적과 함께 새로운 시작을 향한 작은 자신감이 남아 있었다.

돌이켜보면 내가 한 일은 특별한 기술이나 방법이 아니었다. 아이의 상처를 단번에 치유할 수도, 관계를 억지로 봉합할 수도 없었다. 사춘기 아이가 친구 문제를 스스로 겪고 회복해 가는 동안, 나는 그저 곁에서 묵묵히 기다렸다. 때로는 작은 웃음을 나누며 '너는 혼자가 아니다'라는 신호를 보냈을 뿐이다. 그러나 교사로서 학생 곁을 지키는 일과, 부모로서 내 아이의 사춘기를 마주하는 일은 전혀 다른 문제였다.

학교에서 부장 회의를 하던 중, 중학교에 다니는 아들 담임에게서 전화가 왔다. 전화를 받을 수 없다는 메시지를 눌렀다.

'아이가 다쳤나, 무슨 일이 생긴 걸까.'

회의 내용은 귀에 들어오지 않았다. 심장만 두근거렸다. 교사로서 수없이 상담 전화를 주고받았지만, 이번에는 달랐다. 중심에 있는 사람이 내 아이라는 사실에 머릿속이 하얘졌다.

퇴근길, 다시 전화벨이 울렸다. 황급히 전화를 받았다. 마음이가 학교 폭력에 연루됐다는 말이었다. 믿기지 않았다. 늘 배려 깊고 묵묵히 자기 몫을 해 오던 아이였다. 사흘 동안 감기로 결석했다가, 그날 처음 등교한 날이었다.

"마음이를 포함해 여섯 명이 친하게 지냈어요. 그중 한 아이가 계속 놀림을 받는다고 느낀 것 같아요. 어제 그 아이를 집단으로 심하게 대하는 일이 있었고요. 마음이는 결석해 그 자리에 없었지만, 이전의 작은 놀림이 쌓이면서 여섯 명 모두 관련 학생이 됐습니다. 상대 어머님은 아이들이 잘못을 깨닫고 사과할 수 있도록 자리를 마련해 달라고 하셨어요."

나는 그저 우리 아이가 학교 폭력의 가해자도, 피해자도 아니기를 바랐다. 그러나 상황은 이미 시작되고 있었다.

"오늘 학교에서 무슨 일이 있었는지 네 이야기를 듣고 싶어."

아이 얼굴에는 억울함이 그대로 드러나 있었다.

"제가 결석했던 날, 친구들이 심하게 장난치고 놀렸던 일이 한꺼번에 문제로 커진 것 같아요. 그런데 저까지 같이 묶인 거예요."

아이는 잠시 머뭇거리다 조심스럽게 말을 이었다.

"저도 무시하는 말을 하고 장난도 친 적이 있어요. 친한 친구들 사이에서 하는 흔한 장난이라고 생각했는데…."

"만약 네가 그 친구였다면 어떤 기분이 들었을까?"

아이는 고개를 숙인 채 말했다.

"친구 무리가 계속 그러면, 나만 싫어하는 것 같고 많이 속상했을 것 같아요."

그 순간 아이의 눈빛이 달라졌다. 억울함 뒤에 있던 책임감이 드러났다. 나는 서두르지 않고 잠시 침묵했다가 말을 꺼냈다.

"곧 사과 자리가 마련될 거야. 엄마는 근무 때문에 함께하지 못해. 대신 그 친구 어머님은 따로 만나려고 해. 너 혼자라도 그 자리에 갈 수 있겠니?"

"엄마 안 와도 괜찮아요. 저 혼자 해볼게요. 장난이었지만 기분 나쁘게 한 건 미안하다고 진심으로 말할게요. 다시는 그러지 않겠다고 할게요."

초등학교 고학년에서 중학생으로 넘어가는 사춘기에는 관계의 중심이 부모에서 또래로 옮겨간다. 이 시기 아이에게 또래 집단은 세상 전부처럼 느껴진다. 그 안에서 배제되거나 비난을 받으면 아이는 순식간에 상실감과 무력감에 빠진다. 교사로서 아이들 사이의 갈등을 수없이 중재해 왔지만, 부모로서 내 아이와 마주 앉아 나눈 대화는 전혀 다른 무게로 다가왔다.

이 대화가 다그침이 아닌 질문으로 흘렀다는 사실에 나는 안도의 숨을 내쉬었다. 아이의 말을 끊지 않고 판단을 미룬 채 기다릴 수 있었다. 추궁하기보다 아이가 스스로 마음과 책임을 들여다보도록 곁을 지켰다.

하브루타는 아이를 바꾸는 기술이 아니었다. 부모인 내가 먼저 멈추고 기다리는 연습이었다.

* 3 *

화분이 바뀌자,
아이가 자라기 시작했다

30대 중반, 결혼과 함께 고향 제주를 떠나 경기도에 터를 잡았다. 연년생 두 아들을 낳았지만 육아를 도와줄 친인척은 곁에 없었다. 백일 된 아이를 어린이집에 맡기고 일을 이어갔다. 육아 휴직도 없이 퇴근하자마자 장을 보고, 아이들을 하원시켜 놀이터로 향했다. 집에 돌아와 밥을 차리고 늦게 퇴근하는 남편을 맞았다.

그렇게 흘러간 하루하루는 기쁨으로 채워졌다. 엄마가 된 순간의 행복이 모든 어려움을 덮어 주는 듯했다.

아이들이 고학년이 되면서 관계에 이상 신호가 켜지는 날이 잦아졌다. 특히 작은아이 바람이의 말투와 태도는 자주 마음을 상하게 했다. 그럴 때마다 감정은 쉽게 흔들렸고, 스스로를 다스리기도 버거웠다. 다이어리에는 어느새 '오늘도 바람이와 부딪힘'이라는 기록이 반복됐다. 첫째가 순했기에 아이 하나만 키웠다면, 아이 키우는 어려움을 부모 탓으로 쉽게 단정했을지도 모른다. 둘째를 키우며 나는 내 오만함을 인정할 수밖에 없었다. 같은 부모가 같은 방식으로 키웠지만 아이의 반응은 전혀 달랐다. 바람이는 첫째에 비해 모든 일에 예민하고 까다로웠다. 나와 바람이 사이에 마찰이 생길 때마다, 나는 그 모습을 기질 탓으로 돌리며 나와 맞지 않는 아이라 여겼다.

엄마이자 교사의 기준에서 보자면, 바람이는 적극적이지도 않았고 도전하려 하지도 않았으며 자신감 있어 보이지도 않았다. 적어도 내가 바라보는 시각에서는 그랬다.

"그림 그리는 게 그렇게 좋아? 그럼 미술 학원도 다니고 대회에도 나가 보자."

"축구가 좋아? 그럼 축구 클럽에 들어가 코치 눈에 띄게 해 보자."

바람이가 관심을 보이는 지점이 있으면, 나는 그 방향으로 기회를 넓혀 주려 했다. 그러나 그림을 좋아하면서도, 정작 미술 학원에서 정해진 방식으로 그리는 일은 거부했다. 대신 혼자 방에 틀어박혀 좋아하는 캐릭터를 몇 시간씩 그리고, 오려서 테이프로 하나하나 코팅했다.

아침 7시 30분이면 조기 축구를 하겠다며 학교에 일찍 갔지만, 정식 축구 클럽에서 체계적으로 배우는 일은 싫어했다. 바람이는 언제나 자기 방식대로 세상을 경험하려는 아이였다.

'바람이와의 관계는 왜 자꾸 삐걱거릴까. 왜 이렇게 못마땅하게만 느껴질까.'

하브루타 부모 교육을 공부하는 동안 나는 이 질문을 붙들었다. 아이를 있는 그대로 보기보다 '이상한 아이', '힘든 아이'로 규정해 온 사람이 바로 나였다는 사실을 알게 됐다. 함께 공부하던 수강자 대부분은 유아나 초등 자녀를 둔 부모였다. 더 일찍 부모 교육을 시작하지 못한 점이 미안했지만, 늦었다고 느낄 때가 가장 빠른 때라 여기며 용기를 냈다. 이 공부를 통해 아이의 기질과 내 기질이 다르다는 사실을 처음으로 온전히 받아들였다. 그 차이는 갈등의 원인이 아니라, 아이가 나와 다른 방식으로 세상을 느끼고 살아가게 하는 힘이었다. 아이의 성향에 맞게 반응하지 못했던 지난 시간을 돌아보며, 미안함이 밀려왔다.

거실 한편에 놓인 녹보수 화분이 눈에 들어왔다. 2012년, 지인에게 받은 작은 화분이었다.

"저는 식물을 키우는 족족 다 죽여요. 안 주셔도 돼요."

"공기 정화 식물이에요. 키우기도 쉬워요. 일주일에 한 번만 물 주면 돼요. 한번 키워 보세요."

키우기 쉽다는 말에 마음이 흔들려, 결국 화분을 받아들었다. 우리 집 거실에 자리를 잡은 녹보수는 해마다 새순을 한 마디씩 내며 자랐다. 영양제를 주지 않아도 병치레 없이 잘 컸다. 창가의 햇빛 쪽으로 방향만 주기적으로 바꿔주자 가지는 휘지 않고 곧게 위로 뻗었다. 겨울이면 노랗게 변한 잎 몇 장이 조용히 떨어졌다. 이사를 여섯 번 하는 동안에도 화분은 늘 곁을 따라다니며, 거실에 따뜻한 초록빛을 더했다.

어느 날 문득 화분이 식물 크기에 비해 너무 좁아 보였다. 빽빽해진 잎과 껑충 자란 키가 작은 화분에 끼어 오히려 초라해 보였다. 분갈이를 해야겠다는 생각은 몇 해째 마음에만 남아 있었다. 처음이라 화원에 맡길까 망설였지만, 직접 해

보기로 했다. 큰 화분과 배양토를 주문해 세탁실로 옮겼다. 화분에서 식물을 꺼내자 뜻밖에도 '쑥' 하고 쉽게 빠져나왔다. 새 화분에 배양토를 반쯤 붓고 녹보수를 옮겨 담았다. 남은 흙을 채워 다진 뒤 영양제를 꽂아 마무리했다.

그렇게 한 달, 두 달이 지나자 같은 식물인가 싶을 만큼 달라졌다. 줄기는 더 굵어지고 잎은 한층 풍성해졌으며 키도 훌쩍 자랐다. 13년 전 50cm에 불과하던 식물은 이제 내 키를 넘어섰다. 그 모습을 보며, 부모인 내 품의 크기는 그대로 둔 채 훌쩍 자라는 아이를 붙들어 온 시간이 떠올랐다.

아이들은 아직 미숙하다. 그럼에도 나는 아이를 나와 같은 자리에 두고 감정으로 맞섰다. 아이를 고치려 하며 내 불안을 아이에게 덧씌웠다. 있는 그대로 바라보기보다 고쳐야 할 대상으로 대했고, 부족함을 돕기보다 내 기준에 맞추려 했다. 하브루타를 통해 비로소 알았다. 바뀌어야 할 대상은 아이가 아니라 부모인 나였다. 부모가 할 일은 억지로 가지를 꺾는 일이 아니라, 자랄 수 있는 넉넉한 화분이 되는 일이다. 그렇게 나는 이제 아이를 키우는 부모가 아니라, 아이 곁에서 함께 자라는 부모로 살아가기로 했다.

* 4 *

놓아주자,
아이가 보였다

교육학을 전공하고 초등학교 교사로 근무하며 쌓아 온 경험을 바탕으로, 내 아이만큼은 흔들림 없이 키우겠다고 다짐했다.

'뇌 발달의 황금기인 만 3세까지 사랑과 자극을 충분히 주자.'

그 다짐은 어느새 엄마로서의 사명처럼 자리 잡았다. 집에 있거나 차로 이동할 때면 클래식 음악과 동요를 들려주었다. 텔레비전은 EBS 교육 방송 위주로 틀어 두었다. 아기 띠로 작은아이를 안고, 유모차에 큰아이를 태운 채 도서관에 가 책을 한 아름 빌려오곤 했다. 매일 밤 두 아들 사이에 누워 읽어 주던 베드 타임 스토리는 하루를 따뜻하게 닫아 주는 마침표였다.

첫째 마음이가 만 세 살도 되기 전의 일이다. 내가 설거지를 하는 사이, 거실에서는 마음이가 백희나 작가의 『팥죽할멈과 호랑이』를 펼쳐 들고 내 흉내를 내며 소리 내어 읽고 있었다.

"할멈, 할멈, 왜 그리 슬피 우누?"

아직 글자를 모르는 아이가 첫 장부터 끝 장까지 토씨 하나 틀리지 않고 외워 읽었다. 너무 놀라 눈물이 핑 돌았다. '이렇게 책을 즐기는 아이로 자라면 좋겠다'라는 바람이 조용히 피어올랐다.

'책을 좋아하니 영어도 그림책으로 시작해도 되겠구나. 슬슬 시작해볼까.'

결혼 전 영국에서 영어 교육 석사 과정(TESOL for Young Learners)을 공부하며 아이들의 언어 발달을 그려보던 기억이 떠올랐다. 기회를 붙잡은 나는 그날부터 영어 동화책을 꺼내 들었고, 아이와 놀이를 하며 영어로 말을 건넸다.

"Maeum, here's a ball."

"엄마, 하지 마."

"It's a ball. Let's play a ball game."

"엄마, 싫어. 한국말 해."

순간 당황스러웠다. TESOL을 전공하고 초등 영어 전담 교사로 여러 해 동안 영어를 놀이처럼 가르쳐 왔지만, 정작 내 아이 앞에서는 번번이 거절당했다.

강규형 대표의 『바인더의 힘』을 읽고, 계획 없이 흘러가는 삶이 싫어졌다. 하루하루를 끌려가듯 사는 나를 바꾸고 싶었다. 이후 '3P 자기 경영 연구소'에서 시간 관리와 독서법을 배우기 시작했고, 그 과정에서 삶을 대하는 태도가 달라졌다. 어느덧 6년째 매일 플래너를 작성하며 시간을 관리하고, 목표를 세우고 성찰하는 습관이 자리 잡았다. 나는 40대가 되어서야 시간 관리의 중요성을 깨달았지만, 아이들은 더 일찍 시작해 목표를 세우고 실행하며 스스로 돌아보는 삶을 살길 바랐다.

아이들이 초등학교 고학년이 되자 '초등 리더십 놀샘 보물찾기' 프로그램에 신청했다. 아들 둘과 남편까지, 가족 모두가 함께한 자리였다. 아이들만 바꾸는 시간이 아니라 부모가 먼저 같은 언어로 배우는 시간이 필요했기 때문이다. 하루 8시간 동안 시간 관리와 비전 수립, 독서의 중요성, 학습 방법, 진로 설계를 차근차근 익혔다. 프로그램이 끝난 뒤에도 습관 형성을 위해 2주 동안 담당 코치와 함께 플래너 작성 과제와 피드백을 이어갔다.

"얘들아, 오늘 플래너 썼어?"

"이제 할게요."

"다 하면 식탁에 올려놔. 사진 찍어서 단톡방에 올릴게."

"엄마, 이거 왜 해요? 하나도 도움 안 되는데요?"

"그래? 엄마는 플래너를 쓰면서 한 주 목표를 세우고 실천하게 되더라. 지키지 못하면 반성하고, 다음에는 시간을 더 체계적으로 쓰려고 노력하게 되고. 시간을 그냥 흘려보내지 않게 돼서 참 좋더라. 지금은 몰라도 분명 도움이 될 거야."

"저는 하기 싫어요."

그 후에도 나는 아이들이 스스로 계획하고 실천하길 바라며 몇 번이고 권했다. 그러나 반응은 달라지지 않았다. 목표 설정과 플래너 작성은 힘을 잃은 채 흐지부지되었다. 내가 그려 온 아이들의 모습과 눈앞의 아이들 사이에는 큰 간극이 있었다. 초등학생인 아이들에게까지 플래너를 강요하고 싶지는 않아, 나도 한발 물러섰다.

아이들이 중학생이 되자, 더는 미룰 수 없다고 느꼈다. 각종 SNS에서는 유명 대학에 진학한 학생들 다수가 학창 시절 플래너를 쓰며 공부 목표를 세우고 실행했다고 했다. 청소년 리더십 과정이나 세바시 청소년 캠프와 같은 내적 동기를 키워 준다는 프로그램도 눈에 들어왔다.

나는 아이들에게 신청 링크를 보냈다.

"엄마, 예전에는 엄마가 해 보라고 해서 마지못해 했어요. 그런데 그런 방식은 제 스타일이 아니에요. 필요하다고 느끼면 제가 먼저 말할게요. 저를 믿고 맡겨 주세요."

그 말을 듣는 순간, 가슴 한가운데가 찔린 듯 아팠다. 예전 같았으면 좋은 기회라며 아이를 설득했고, 결국은 신청했을 것이다. 그러나 그날은 달랐다. 하브루타를 배우며 나는 존중의 힘을 알게 되었고, 아이의 말에서 이전과는 다른 목소리를 들었다.

"그렇구나. 이제는 네가 스스로 선택하고 싶구나."

나는 아이의 눈을 보며 물었다.

"지금 네가 가장 중요하게 생각하는 건 뭐야?"

아이는 잠시 생각한 뒤 말했다.

“지금은 제 페이스대로 해보고 싶어요.”

그제야 알았다. 아이는 이미 자기 삶을 선택할 준비를 마쳤다는 것을. 길을 잃은 쪽은 아이가 아니라, 완벽한 부모가 되려 애쓰던 나였다.

5

같이 키울 수는 있어도, 같게 키울 수는 없다

방학이나 명절이 되어야 우리는 겨우 고향 제주로 향한다. 일 년에 몇 번 만나지 못하는 양가 부모님은 손주들이 오기만을 기다린다. 아이들이 대여섯 살이던 어느 방학, 나는 혼자 아이들을 데리고 제주로 갔다. 저녁 무렵 오랜만에 친구 약속이 있어 아이들을 시댁에 두고 나가려 했다.

"얘들아, 엄마는 친구들 만나러 가. 끝나면 늦을 것 같아서 외할머니 집에서 하루 자고, 내일 아침에 올게. 할아버지랑 하룻밤만 자고 내일 만나자."

"싫어. 나 엄마 따라갈 거야."

작은아이 바람이가 떼를 부렸다.

"마음아, 동생은 엄마 따라가겠대. 마음이도 엄마랑 같이 갈래?"

첫째 마음이는 고개를 저었다. 친할아버지댁이 더 좋은가 보다 여겼다.

몇 년 뒤, 아이의 말을 듣고 가슴이 먹먹해졌다.

“그때 나도 엄마 따라가고 싶었어요. 그런데 우리 둘 다 가 버리면 할아버지가 섭섭하잖아요. 그래서 할아버지 집에 남은 거예요.”

마음이는 어릴 때부터 자기 감정보다 다른 사람의 마음을 먼저 살폈다. 엄마가 자신의 마음을 알아주지 않았다는 섭섭함은 사춘기가 되어 한꺼번에 쏟아졌다.

한편 둘째 바람이는 걸음마를 떼자마자 놀이터에서 탱탱볼을 차며 놀던 아이였다. 중학생이 된 지금도 굴러가는 것만 보이면 축구공처럼 몰고 다닌다. 요즘은 조기 축구를 한다며 매일 아침 7시 30분이면 학교로 향한다.

운동뿐 아니라 미술에도 관심을 보였다. 초등학교 고학년 무렵, 창의적 표현을 중심으로 한 미술 학원을 3년 가까이 다니던 때였다.

“학원에서 시키는 그림 말고, 내가 그리고 싶은 걸 그리고 싫어요.”

그 말을 끝으로 학원을 그만둔 뒤, 바람이는 매일 두세 시간씩 색연필로 캐릭터를 그렸다. 그림을 오려 코팅해 이어 붙인 입체 종이 인형은 택배 상자 서너 개에 담겼다. 아이 방은 어느새 작은 작업실이 되었다. 어지러운 방을 볼 때마다 나도 모르게 한숨이 나왔고, 잔소리가 쏟아졌다.

“종이 자른 건 제발 정리해. 그림만 그리지 말고 책도 좀 읽고.”

한 배에서 나와도 아이들의 특성은 서로 달랐다.

하브루타 부모 교육을 공부하며 김만권의 『성격을 알면 성적 오른다』를 읽었다. 이 책에서는 가치관과 행동 패턴에 따라 성격을 행동형, 규범형, 탐구형, 이상형 네 가지로 나눈다. 각 유형은 뚜렷이 구분되기보다 서로 겹쳐 나타나기도 한다. 이 성격 유형에 나와 아이들을 대입해 보았다. 나와 마음이는 비슷한 점이 많았지만, 바람이와는 공통점이 거의 없었다. 비로소 바람이의 행동이 왜 그토록 못마땅하게 느껴졌는지 알게 되었다.

마음이는 감수성이 예민하고 관계의 조화를 중시하는 규범 · 이상형 성향에 가까웠다. 초등학교 2학년 때 선생님에게 모범생이라는 말을 들으며 인정받았던 시절을, 마음이는 자신의 전성기라 부르며 가장 좋은 기억으로 간직했다. 인정욕구가 강한 아이였다.

반면 부모의 짜증 섞인 말이나 지적에는 쉽게 마음이 다쳤다. 나는 그런 아이에게 "뭐, 그런 걸로 삐지냐?"라며 아이의 감정을 가볍게 넘겼다. 아이의 마음을 살피기보다 내 기준으로 판단했다. 마음이의 성향을 알고 난 뒤로는 아이의 가치관을 재단하거나 내 생각을 밀어 넣지 않으려 의식하게 되었다.

한편 바람이는 행동형과 탐구형 성향이 강한 아이였다. 그 성향을 받아들이고 나니, 조기 축구를 하거나 운동하다 다쳐 돌아와도 그것을 에너지를 풀어내는 과정으로 보게 되었다. 몇 시간씩 방에 머물며 완성한 종이 인형을 보며, 오래 몰입할 수 있는 자기 세계를 지녔다는 점이 강점으로 느껴졌다. 나는 이제 그 모습을 있는 그대로 받아들이게 되었다.

그동안 초등 현장에서 만나 온 공부와 발표, 활동과 배려까지 고루 잘 해내는 우등생들의 모습을 나는 내 아이의 기준으로 삼아 왔다. '우리 아이도 저랬으면' 하는 기대는, 아이가 그에 이르지 못할 때 실망과 다그침으로 바뀌었다. 나는 아이의 특성을 이해하고 키우기보다, 내가 설정한 기준에 맞추려 했다.

하브루타는 남보다 우수한 사람이 아니라, 남과 다른 사람을 지향한다. 아이들이 좋은 성적을 받고 뛰어나면 좋겠지만, 그렇지 않아도 괜찮다. 아이만의 고유함을 인정하기로 했다. 부족함을 메우려 조급해하기보다, 타고난 성격과 기질을 이해하는 일이 먼저라 여겼다. 아이가 좋아하고 흥미를 느끼는 분야를 기꺼이 응원하기로 마음먹었다.

아이를 있는 그대로 인정하고 지지하는 자리에서 출발하면, 모든 영역에서 두드러지지 않아도 아이만의 색을 찾아가는 길을 함께 걸을 수 있다. 아이를 이해하려는 순간, 나는 변했다. 완벽한 부모를 꿈꾸기보다 아이의 색을 알아보는 부모로 나아갔다.

아이를 바꾸려 했던 나는, 아이 덕분에 성장했다.

* 6 *

다시,
식탁에서 시작된 대화

전성수 교수의 『부모라면 유대인처럼 하브루타로 교육하라』는 하브루타를 유대인의 대표적인 배움 방식으로 소개한다. 전 세계 인구의 0.2%에 불과한 유대인이 여러 분야에서 영향력을 보여 온 배경에는, 지식과 질문을 삶의 중심에 둔 교육 문화가 있다. 대한민국 교육 현장에서도 주입식 교육의 한계를 느끼며 하브루타를 대안으로 받아들이는 흐름이 나타난 지 오래다. 그러나 하브루타를 단순한 학습 도구로만 이해하는 데에는 한계가 있다. 유대인에게 하브루타는 공부 기술이 아니라, 관계 속에서 살아가는 삶의 방식이다. 부모와 자녀가 눈을 맞추고 대화를 나누는 밥상머리 시간은 아이의 사고력과 가치관이 자라는 출발점이다. '나는 지금 너에게 집중한다'라는 이 단순한 신호는 아이를 안정시키고, 부모와 자녀의 관계를 단단하게 만든다.

2004년, 영국에서 어학연수를 하던 시절, 친구와 함께 교회의 주말 예배에 참석한 적이 있다. 그곳에서 만난 유대인 의사 부부가 우리에게 관심을 보였다. 예배가 끝난 뒤 점심을 함께하자며 집으로 초대했다. 꽃을 들고 찾아간 그들의 집은 넓고 윤택했다. 여섯, 일곱 살쯤 되어 보이는 남매가 놀이방에서 놀고 있었다. 점심이 준비되자 아버지는 아이들을 불러 기도를 하고, 설교에서 들은 이야기를 들려주었다. 그는 아이들의 눈을 보며 대화에 집중했다. 손님인 우리 앞에서도 식탁의 중심은 아이들이었고, 식탁 위에는 웃음과 이야기가 오갔다. 그 모습을 바라보며 나는 마음속으로 다짐했다.

'나도 저런 가정을 꾸리고 싶다. 아이들과 도란도란 이야기를 나누는 따뜻한 식탁을 만들고 싶다.'

결혼 후 마주한 현실은 달랐다. 맞벌이 부부인 우리에게 온 가족이 함께 저녁을 먹는 날은 주말뿐이었다. 어렵게 모인 식탁 위에는 대화 대신 태블릿 화면이 놓였다. 남편은 뉴스를 보며 식사했고, 아이들은 각자 유튜브를 틀었다. 세 가지 소리가 겹친 식탁은 이내 소음으로 가득 찼다.

나는 결국 아이들에게 말을 꺼냈다.

"계속 유튜브 보면서 밥 먹을 거야? 너무한 거 아니야?"

아이들의 대답은 날카로웠다.

"아빠도 뉴스 보잖아요. 엄마도 밥 먹으면서 핸드폰 볼 때 있잖아요. 왜 우리한테만 그래요?"

맞는 말이었다. 나 역시 식사 중에도 메시지를 확인하고 검색했다. 같은 공간에서 함께 밥을 먹고 있었지만, 각자 화면을 바라보는 모습은 혼자 식사하는 것과 다르지 않았다.

몇 년 전 어린이날이었다. 남편은 출근했고, 나는 아이들과 놀이공원에 갔다. 뙤약볕 아래에서 나는 아이들 대신 한 시간 넘게 줄을 섰고, 아이들은 그늘에 앉아 온라인 게임을 했다. 반대로, 아이들이 놀이기구를 타는 동안엔 내가 그늘에서 기다리며 온라인 세상에 머물러 있었다. 이게 정말 함께한 시간일까. 같은 공간에 있었지만, 우리는 함께 있지 않았다.

왜 아이들과 대화다운 대화를 나누지 못할까. 아이 탓도, 시대 탓도 아니었다. 어쩌면 대화를 놓친 쪽은 나였는지도 모른다.

"마음아, 치즈 화장실 치웠어?"

"내일 논술 수업 있는 날이잖아. 미리 책 읽어놔."

그동안 나는 아이들이 해야 할 일과 내가 점검할 목록을 먼저 떠올리며 말을 꺼냈다. 그렇게 나는 아이의 마음을 듣기보다, 상황을 관리하는 말만 반복하고 있었다.

아이들과의 시간을 돌아보며 자연스레 내 청소년 시절이 떠올랐다. 학교를 마치고 집에 돌아오면 엄마와 함께 이불을 덮고 앉아 과일을 먹으며 학교와 친구 이야기를 나누곤 했다. 말수가 많지 않았던 나도 그 짧은 대화 속에서 엄마의 온기를 느끼며 위안을 얻었다.

고심 끝에 나는 가족과 마주 앉아 저녁을 먹고 싶다는 마음을 아이들에게 전했다.

"얘들아, 우리가 하루 중 거의 유일하게 얼굴을 마주하는 저녁 식사 시간에 각자 다른 화면을 보며 밥을 먹는 게 마음에 걸려. 너희 생각은 어때?"

아이들은 잠시 서로를 바라보더니 말했다.

"지금처럼 태블릿 보면서 밥도 먹고, 얘기도 하면 안 돼요? 갑자기 왜 그래요?”

나는 잠시 망설이다가 말을 이었다.

“엄마는 이 시간이 밥만 먹는 시간이 아니라, 서로 대화하는 시간이었으면 좋겠어.”

아이들은 잠시 서로를 보더니 한발 물러섰다.

“그럼, 저녁 먹을 때만이라도 태블릿 안 볼게요.”

우리는 새로운 시도를 시작했다. 저녁 식탁에서 태블릿을 치우고 밥을 먹었다. 그리곤 저녁 반찬이나 그날 있었던 일처럼 가벼운 이야기로 대화를 시작했다.

하루의 소소한 일을 나누다 보면 아이들 역시 마음을 열고 자신의 이야기를 꺼냈다.

“오늘 엄마네 학교에 MBC 고강용 아나운서가 왔어. 〈나 혼자 산다〉에 나왔던 아나운서인데, 야구 캐스터도 하더라.”

“진짜요? 왜 왔는데요?”

“한글날 기념으로 한 촬영인데, 다문화 아이들이 한국 학교에서 어떻게 한글을 배워 가는지 찍는 프로그램이었어.”

“와, 엄마네 학교가 TV에도 나오는 거예요?”

서로의 눈을 마주 보며 나누는 저녁 식사는 단순한 끼니가 아니라, 마음이 이어지는 순간이다. 부모가 자신에게 집중하고 있음을 느낄 때, 아이는 안정감을 얻고 스스로 존중받는 존재임을 느낀다. 밥상머리에서 오가는 눈맞춤과 대화는 질문보다 먼저 시작되는 하브루타다. 오늘 저녁도 식탁 위 태블릿 대신, 아이의 눈을 먼저 보려 한다. 그렇게 우리 집의 저녁은 다시 대화의 자리로 돌아온다.

7

아이의 세계로 한 걸음 들어가 보았다

내겐 한 살 어린 남동생이 있다. 부모님 말씀으로는, 어릴 적 그가 사라지면 늘 집 근처 만화방에서 발견되었다고 한다. 그때 동생은 겨우 다섯 살 남짓이었다. 만화방 주인은 취학 전 아이가 글을 읽을 리 없다고 여겨 요금도 받지 않았다. 그러나 동생은 그림이 아니라 글을 읽으며 규칙적으로 페이지를 넘기고 있었다. 동생을 데리러 온 엄마에게 주인은 물었다.

"혹시 아이가 글을 읽는 줄 아셨어요?"

그 말을 듣고서야 엄마는 동생이 혼자 한글을 깨우쳤다는 사실을 알게 되었다.

남동생은 초등학교 IQ 검사에서 140에 가까운 점수를 받았다. 가족의 기대는 자연스레 그에게 쏠렸고, 그는 공부하지 않아도 초등학교와 중학교 초반까지 전교 상위권을 유지했다. 그러나 고등학교에 입학하자 그에게만 통하던 마법은 사라졌다. 욕심도 성실함도 없던 그는 평범한 내신 성적을 받았고, 집 한편의 586 컴퓨터 앞에서 워크래프트 같은 전략 게임에 몰두했다.

수능이 도입되던 시기, 독해력과 배경지식이 강점이던 그는 특별 전형으로 컴퓨터공학과에 진학했다. 그러나 대학에 들어가서도 생활 패턴은 달라지지 않았다. 방학이나 군 휴가 때 집에 오면 그는 여전히 컴퓨터 앞에 앉아 있었고, 케이블 TV에서는 스타크래프트 중계가 끊임없이 흘러나왔다.

"임요환, 벌처 나갑니다! 이 타이밍에 이런 판단이라니!"

'테란'과 '저그' 같은 낯선 말들이 흥분한 캐스터의 목소리를 타고 조용한 나의 공간을 덮쳤다. 나는 영특하던 동생을 평범하게 만든 원인이 게임이라고 여겼다. 그때부터 나는 게임을 멀리하며 혐오하게 되었다.

그 기억은 두 아들을 바라볼 때마다 자연스레 떠올랐다. 우리 집에는 내 노트북 외에 PC가 없다. 남동생의 학창 시절을 지켜본 탓에 아이들에게만큼은 PC 게임을 허용하지 않았다. 그러나 아이들은 태블릿을 들고 다니며 '도티'나 '겜브링' 같은 게임 플레이 영상을 보기 시작했다. 캐스터의 과도하게 흥분한 목소리가 들리면, 나는 먼저 못마땅한 시선을 보냈다. 그럼에도 친구들과 나누는 게임과 캐릭터 이야기가 또래 문화라는 사실을 외면할 수는 없어, 어느 정도는 허용했다.

작은아이 바람이는 게임과 유튜브 시청에 그치지 않고, 몇 시간씩 입체 캐릭터 그리기에 몰두했다. 일본 애니메이션 〈귀멸의 칼날〉에 빠진 날에는 애니 속 캐릭터를 따라 그리며 신체 비율과 의상, 망토, 검집까지 세심하게 재현했다.

"엄마, 이거 봐요. 완전 리얼하죠?"

"얘는 또 누구야?"

"탄지로예요. 검이 뽑히게 칼집과 검을 따로 만들었어요."

아이의 작품은 갈수록 정교해져, 핀셋으로 집어야 할 정도였다. 대단하다고 말하면서도 마음은 편치 않았다. 남동생처럼 온라인이나 영상 세계에 깊이 빠져 학업을 놓치지 않을지 걱정이 앞섰다.

어느 날 설거지를 하며 유튜브로 시사 뉴스를 틀어 두었다. 영화 유튜버가 나와 개봉작을 논평하는 코너가 시작됐다. 소개된 영화는〈귀멸의 칼날: 무한성편〉이었다.

'시사 프로그램에서 일본 애니메이션을 다룬다고? 우리 아들이 보던, 피가 난무하는 만화영화 아닌가?' 하는 생각에 의아했다. 국내에서 역대 일본 애니메이션 흥행 1위를 기록했다는 말에 나도 모르게 귀를 기울였다.

얼마 후 아무 약속도 없는 한가한 주말이 찾아왔다.

"얘들아, 영화 보러 갈래? 〈귀멸의 칼날〉 아직 상영 중이래."

큰아이는 이미 친구들과 본 영화였지만, 엄마와 함께라면 또 보겠다고 했다. 아이들이 좋아하는 것을 함께 경험해 볼 기회였다. 나는 그동안 내 취향만 아이들에게 권해 왔다는 사실을 그제야 깨달았다.

아이들의 관심사를 경험해 보겠다는 마음과 달리, 영화관 리클라이너 의자에 몸을 기대자 영화는 뒷전이 되었고, 눈을 감았다 뜨기를 반복했다. 세 시간 가까이 괴물들의 혈투가 이어졌다. 바람이가 만들던 낯익은 캐릭터가 화면에 등장했지만, 여전히 내 취향의 영화는 아니었다.

“엄마, 〈귀멸의 칼날〉 완전 재미있었죠? 무한성편 말고도 이야기가 정말 많아요. 넷플릭스 애니메이션도 보면 더 잘 이해돼요.”

집으로 돌아오는 길, 아이들은 신이 나 캐릭터 이름 퀴즈를 냈고 나는 번번이 틀렸다. 내 짧은 기억력이 재미있는지 아이들은 설명을 덧붙이며 이야기를 이어갔다.

그제야 알았다. 아이들의 관심사에 호기심을 보이고 그것을 대화의 소재로 삼는 순간, 아이들의 말문은 스스로 열린다는 사실을.

〈귀멸의 칼날〉에서 세상을 파괴하며 강해지려 했던 악귀는, 강자가 나타날수록 더욱 사나워졌다. 그러나 말없이 전해진 가족의 사랑과 관심, 격려와 믿음이 닿자, 악은 서서히 힘을 잃어 갔다.

사춘기 아이들의 마음도 다르지 않다. 낯설지만, 부모가 아이의 세계에 한 걸음 다가서는 순간 아이의 닫혀 있던 마음은 조용히 풀린다. 그리고 그때, 비로소 대화가 시작된다.

* **8** *

성장판이 닫힌 날, 마음이 열렸다

"성장판이 닫혔습니다. 여기서 잘해 봐야 1cm 정도 클까 말까입니다."

사형 선고 같은 말에 가슴이 철렁 내려앉았다. 나보다 더 큰 충격을 받았을 아이가 먼저 떠올랐다. 평소 '문제가 생기면 해결하면 된다'라고 믿어왔기에, 방법은 있겠지 하는 기대를 안고 의사에게 물었다.

"선생님, 남자아이들은 고등학생이 되어서도 크지 않나요? 이제는 어떻게 해야 할까요?"

의사는 잠시 말을 고르더니 담담히 말했다.

"그 아이들은 사춘기가 늦게 온 경우입니다. 마음이는 늦었습니다. 더 할 수 있는 건 없습니다."

말이 끝나자 가슴이 텅 빈 듯 허전해졌다.

"정말요? 진짜 아무 방법이 없는 건가요?"

"네. 더 어릴 때 오셨어야 했습니다."

대학 병원에서 성장판 검사를 마치고 돌아오는 길, 큰아이 마음이와 나는 한마디도 하지 못했다. 집에 도착하자 아이는 곧장 침대에 누웠고, 며칠을 그렇게 보냈다. 나는 아이 곁에 살며시 누워 얼굴을 쓰다듬으며 말했다.

"미안해. 네 사춘기가 이렇게 빨리 올 줄 몰랐어. 엄마가 너무 무심했어. 정말 미안해."

마음이는 말없이 눈물만 흘렸다. 그 눈물이 내 마음을 깊이 찔렀다.

"울지 마. 괜찮아. 엄마가 방법을 찾아볼게."

우리 부부는 둘 다 키가 작은 편이다. 친정 부모님도 키가 크지 않지만, 남동생이 180cm를 넘었기에 노력하면 충분히 클 수 있다고 믿었다. 아이들이 영유아 검진을 받을 때마다 키 성장표를 꼼꼼히 기록했다. 일찍 자기, 규칙적인 운동, 매일 우유 1,000ml 마시기, 성장 영양제 챙기기까지 도움이 된다는 건 빠짐없이 실천했다.

마음이는 늘 건강하고 잘 먹었으며 또래보다 작지도 않아, 내 관심은 작고 마른 둘째 바람이에 더 쏠려 있었다. 그런데 중학교 3학년이 된 마음이가 요즘 키가 크지 않는다며 불안한 기색을 보였다.

"엄마, 나도 바람이처럼 성장 주사 맞으면 안 돼요?"

그제야 이상함이 느껴졌다. 돌이켜 보니 중학교에 들어온 뒤 살은 급격히 늘었지만, 키는 거의 자라지 않았다. 서둘러 대학 병원 진료를 의뢰했지만 결과는 냉혹했다. 이제 키 성장의 기회는 없다는 의사의 말은 청천벽력 같았다. 처음에는 애먼 의사를 원망하려 했다. 그러나 곧 화살은 나에게로 돌아왔다. 아이에게 너무 무심했다. 나는 정말 엄마의 자격이 있는 걸까. 지푸라기를 잡는 심정으로 유튜브와 블로그, 성장 관련 카페를 샅샅이 뒤졌다. 성장판이 닫혀도 키를 키울 수 있다는 영상과 '키 크는 수술'이라는 말까지 눈에 들어왔다. 그래, 해 보자. 내가 할 수 있는 건 모두 해보겠다고 마음먹었다.

그러던 중 마침내 희망적인 이야기를 해주는 한의사를 만났다. 그는 마음이의 성장 기록지를 한참 들여다보다가 고개를 갸웃했다.

"마음이의 성장 추이를 보니 초등학교 고학년 때가 폭풍 성장기였네요. 그때 더 컸어야 했는데 시기를 놓쳤어요. 엄마가 학교 선생님인데 모르셨어요?"

"얼굴이 너무 어려 보여서 사춘기가 그렇게 빨리 온 줄 몰랐어요."

"석 달 정도 치료를 해보고 변화가 있으면 계속하고, 없으면 중단해도 됩니다."

나는 숨을 고르며 안도와 긴장이 뒤섞인 감정을 느꼈다.

"네, 키만 자랄 수 있다면 뭐든지 해 볼게요. 감사합니다."

어느 날 TV 프로그램에서 한 연예인이 말했다.

"아이들이 저에게 감사해야 하는 거 아닌가요? 제가 아이들을 태어나게 해줬잖아요."

그 말을 들으며, 우리 마음이도 자신을 낳아준 부모에게 감사할지, 아니면 왜 이렇게 작은 키의 유전자를 물려줬냐고 원망하지는 않을지 두려움이 스쳤다.

나 역시 어린 시절 키에 대한 콤플렉스가 있었다. '키가 조금만 더 컸더라면 더 자신감 있게 살지 않았을까. 지금보다 더 적극적인 사람이 되지 않았을까.' 하며, 작은 키의 아쉬움을 유전자 탓으로 돌리곤 했다.

미디어 속 큰 키의 사람들만 눈에 들어왔고, 키 큰 사람이 멋있다는 환상 속에서 살았다. 내 키에 대한 원망이 대를 이어 아이에게까지 이어지고 있다는 사실이 괴로웠다.

마음이 크게 요동쳤다. 하소연하듯 친정 엄마에게 전화를 걸었다.

"엄마, 우리 마음이 어떡해요. 병원에 다녀왔더니 성장 시기를 놓쳤대요. 제가 너무 무심했어요. 그땐 승진이다, 자기 성장이다 하며 제 일만 챙기느라 바빴어요. 왜 제 인생만 앞세웠을까요. 아이들을 더 챙겼어야 했는데…."

엄마는 한참을 듣더니 조용히 말했다.

"마음이 엄마야, 너무 자책하지 마. 마음이가 타고난 게 그런 걸 어쩌겠니. 그건 어쩔 수 없는 부분이야. 사람마다 주어진 달란트가 다르잖아. 마음이에게 있는 재능을 찾아 키워줘. 수술이니 뭐니 하며 아이 마음 흔들지 말고. 키가 작아도 할 수 있는 일은 많아. 엄마로서 희망적인 말을 해줘야지."

엄마의 말은 위안이 되었다.

그래, 마음이 앞에서 흔들리는 엄마가 되지 말자. 키보다 더 중요한 건 아이의 마음을 키우는 일이다. 마음이가 가진 강점을 발견하고, 스스로를 믿도록 돕는 것. 그것이 내가 붙들어야 할 진짜 성장임을 가슴에 새겼다.

매주 토요일, 아이와 함께 치료를 받기 위해 서울의 한 한의원으로 향한다. 한 시간 남짓 걸리는 길은 어느새 우리만의 시간이 되었다. 차 안에서 우리는 하브루타로 서로 질문하고 답하며 아이의 생각과 마음을 나눈다.

"엄마, 병원 다니면서 조금이라도 더 클 수 있게 노력할 거예요. 그래도 안 되면 어쩔 수 없죠. 외형보다 제가 잘할 수 있는 걸 찾아볼 거예요."

"맞아. 그게 마음이만의 힘이야. 키 때문에 슬퍼할 필요 없어. 대신 마음이가 가진 강점을 더 키우는 거지."

아이의 얼굴을 바라보며 마음이 한결 가벼워졌다. 길 위에서 우리 둘의 마음이 조금씩 자라고 있음을 느꼈다.

미경 쌤의 교실 이야기

점심시간, 두 아이가 크게 다투었습니다.
서로 자기 말만 하며 친구의 잘못을 따지고 있었습니다.

아이들에게 한 가지 질문을 했습니다.
"만약 네가 친구 입장이라면 어떤 기분이 들까?"
잠시 교실이 조용해졌습니다.
한 아이가 고개를 숙이며 말했습니다.
"아마… 속상했을 것 같아요."
그 순간 서로를 향하던 날카로운 표정이 조금씩 풀어졌습니다.

그날 나는 다시 느꼈습니다.
아이의 마음은 설명보다 질문 앞에서 더 잘 열린다는 것을.
지적은 아이를 방어하게 만들지만 질문은 아이가 스스로 생각하게 만듭니다.

3장

질문하고 경청하며 다시 만나는 우리

* 1 *

아이를 바꾸려다, 질문을 시작했다

"學而時習之 不亦說乎(학이시습지 불역열호)."

배운 것을 삶 속에서 때맞춰 되새기고 익히는 일, 그 기쁨을 말하는 문장이다. 중학교 2학년, 무섭기로 소문났던 대머리 한문 선생님과 함께 읽던 『논어』의 한 구절이 아직도 또렷하다.

나이가 들수록 시험을 위한 공부보다 내 삶을 위한 공부가 더 많아졌고, 그 공부가 주는 기쁨 또한 점점 커졌다. 학창 시절의 공부는 필요를 느끼기도 전에 주어지는 일이었다. 선생님마다 틀린 문제 수만큼 매를 들었고, 깜지 숙제와 시험 점수 공개는 일상이었다. 공부하지 않으면 사람 대접을 받지 못하던 엄격한 분위기 속에서, 공부의 의미를 돌아볼 여유는 없었다.

그 시절을 떠올리면, 해야 해서 했던 공부가 아니라 삶의 피와 살이 되는 공부를 했더라면 어땠을까 하는 아쉬움이 남는다.

두 아들이 중학생이 되자 자아가 깨어난 듯 질문을 던지기 시작했다.

"공부는 왜 해야 하는 거예요?"

어릴 때는 엄마가 시키는 대로 책을 읽고, 일기를 쓰고, 수학 문제를 풀었다. 봉인되어 있던 자의식이 깨어나며 공부의 의미를 비롯해 세상의 많은 일 앞에 물음표를 세웠다.

생각이 자란다는 건 분명 반가운 일이다. 그럼에도 속마음에서는 '따지고 묻지 말고, 그냥 공부 좀 하지' 싶은 마음이 불쑥 고개를 들기도 했다. 이미 공부의 의미를 묻기 시작했다면, 언젠가는 앎의 기쁨에 닿게 되지 않을까 생각했다. 그렇게 여기니 아이들의 질문은 단순한 반항이 아니라, 더 깊은 배움으로 나아가는 여정처럼 느껴졌다.

"얘들아, 엄마가 최근에 중국 작가 판덩의 『나는 불안할 때 논어를 읽는다』라는 책을 읽었거든. 너희, 논어가 뭔지 알아?"

"공자가 쓴 책 아니에요? 도덕 시간에 성선설, 성악설 배우면서 나왔어요."

"그래? 그럼 우리 일주일에 한 번씩 논어를 읽고 생각을 나눠보는 건 어때? 같은 작가가 청소년을 위해 쓴 『어른이 되기 전에 꼭 한 번은 논어를 읽어라』라는 책도 있더라."

어릴 때부터 방학마다 함께 슬로우 리딩을 해온 덕분일까. 아이들은 큰 거부감 없이 제안을 받아들였다. 그렇게 우리 가족의 작은 하브루타 독서 모임이 시작되었다. 이름하여 '일취월장 하브루타 독서 모임'. 논어를 매개로 아이들과 함께 '공부의 의미'를 묻는 여정이 그날부터 시작되었다.

먼저, 거실 식탁을 독서 모임 공간으로 정했다. 가끔은 조명을 낮추고 잔잔한 음악을 틀어 분위기를 차분히 만들었다. 과일이나 간단한 간식을 준비해 대화의 문을 여는 것도 도움이 되었다. 카페를 이용할 수도 있었지만, 집돌이인 우리 아이들은 집의 편안함을 더 좋아했다.

두 번째로, 모임 요일은 토요일 저녁으로 정했다. 저녁 식사와 정리, 샤워를 모두 마친 뒤인 8시에 모임을 시작했다.

집중력이 흐트러지지 않도록 기본 시간은 40분으로 잡았지만, 이야기가 깊어지면 한 시간을 훌쩍 넘기기 일쑤였다.

세 번째로, 미리 책을 읽어오지 않아도 되는 짧은 텍스트를 선택했다. 아이들과 상의해 『어른이 되기 전에 꼭 한 번은 논어를 읽어라』를 골랐는데, 한 회당 3~4페이지 분량이라 즉석에서 함께 읽기에 적당했다. 아이들은 각자 책을 한 권씩 구입하고 이름 도장을 찍으며, 자신의 책에 대한 애정을 키워 갔다.

네 번째로, 대화의 흔적을 남기기 위해 하브루타 바인더를 마련했다. 모임에서 나눈 생각은 금세 흩어지기 마련이기에, 각자 인상 깊었던 문장이나 질문, 느낀 점을 기록할 수 있는 학습지 양식을 만들어 꾸준히 쌓아갔다. 시간이 지나면서 그 바인더는 가족의 성장 기록이 되었다.

다섯 번째로, 모임의 목적과 규칙을 함께 정했다. 서로의 생각을 나누고 경청하며 함께 생각을 키우는 것, 그것이 우리의 첫 번째 목적이었다. 가족 간의 관계는 편안함이 장점이지만 그만큼 감정이 쉽게 개입되기도 한다. 그래서 우리는 경어를 사용하고, 말을 끊지 않으며 서로의 의견을 존중하기로 약속했다.

여섯 번째로, 우리는 결과보다 과정에 집중했다. 정답을 찾기보다 질문을 던지고 서로의 생각을 탐색하는 데 의미를 두었다. 말이 서툴러도, 생각이 정리되지 않아도 괜찮았다. 하브루타는 '잘 말하는 연습'이 아니라, '함께 생각하는 시간'이기 때문이다.

마지막으로, 아이들이 스스로 이끄는 주도성을 보장했다. 진행자는 반드시 어른일 필요가 없었다. 처음에는 내가 맡았지만, 점차 아이들이 스스로 질문을 만들고 서로에게 묻는 구조로 바뀌었다. 그 과정에서 하브루타 대화는 수평적인 관계에서만 가능하다는 사실을 깨달았다. '엄마-아이'라는 위계가 아닌 '사람-사람'으로 마주할 때, 비로소 진짜 대화가 열린다.

질문을 던지고 답을 주고받다 보면 시간 가는 줄 몰랐다.

모임이 끝날 무렵에는 각자 소감을 나누며 대화를 정리했다. 특히 큰아이와는 모임이 끝난 뒤에도 이야기가 이어지는 경우가 많았다. 주변에서는 "중학생 아이들과 이렇게 오래 대화를 나누는 게 가능하냐"라고 부러워하기도 했다.

하지만 나에게 그 시간은 단순한 독서 모임이 아니었다. 아이들의 생각을 이해하는 동시에 내 마음을 들여다보는 시간이었다. 어리게만 여겼던 아이들이 어느새 깊은 생각을 품고 있음을 발견할 때마다, 나는 아이들과 다시 만나고 있다는 감각을 느꼈다.

2

"왜 그렇게 생각하니?"라는 질문 하나

우리 사회의 문화는 여전히 일방적 소통의 색이 짙다. 학교에서는 선생님의 말을 잘 듣는 아이가, 집에서는 부모의 말을 거스르지 않는 아이가 이상적으로 여겨진다. 군대나 회사에서도 상사의 지시를 충실히 따르는 태도가 미덕으로 받아들여진다.

그러나 성군으로 불리는 세종대왕은 달랐다. 그는 신분의 높고 낮음을 가리지 않고 누구와도 대화하고 토론했으며, 종종 이렇게 물었다고 한다.

"경의 생각은 어떠한가?"

이 질문은 하브루타의 핵심 질문인 "마따호세프(너의 생각은 어때?)"와 닮아 있다. 생각을 묻는다는 것은 상대를 가르침의 대상이 아니라, 대화의 동등한 주체로 인정한다는 뜻이다.

자녀의 주체성을 기르고 싶다면 부모는 일방적인 지시 대신, 아이를 한 인격체로 존중하며 질문을 던져야 한다. 나 역시 "왜 그렇게 생각하니?"라는 질문 하나가 대화를 어떻게 바꾸고, 관계를 얼마나 다르게 만드는지 직접 경험했다.

2023년, 내가 참여하던 '공부머리 독서법' 네이버 카페에서 『코스모스』를 40주 동안 함께 읽는 댓글 독서 모임이 열렸다. 인문계 성향인 나는 그 유명한 책을 끝까지 읽어본 적이 없어 좋은 기회에 도전해 보고 싶었다. 당시 중학교 1학년이던 마음이에게도 함께하자고 제안했다.

"마음아, 엄마가 『코스모스』라는 책 읽기 프로젝트를 신청하려고 해. 너도 같이 할래? 우주에 대한 이야기야. 꽤 두꺼운 책이긴 하지만."

"좋아요. 한번 해볼게요. 내용이 어려우면 엄마가 도와주세요."

첫 미션은 책을 읽기 전 〈콘택트(Contact)〉라는 영화를 보는 것이었다. 그러나 우리는 제목을 착각해 〈컨택트(Arrival)〉를 보게 되었다. 뜻밖의 실수였지만 그 선택은 오히려 과학과 언어에 대한 흥미를 키워 주었다.

영화를 본 뒤 우리는 서로에게 질문을 쏟아냈다.

"우주인을 만나러 가면서 왜 언어학자와 물리학자를 함께 데려갔을까?"

"외계인의 언어가 원형이라는 설정에는 어떤 의미가 있을까?"

"'어제와 오늘, 그리고 내일이 없다'라는 말은 어떤 개념을 뜻할까?"

"왜 그렇게 생각해?"

영화를 보고 나눈 대화는 깊은 여운을 남겼다. 아이의 질문은 단순한 호기심을 넘어 사고의 지평을 여는 창처럼 느껴졌다.

'왜 그렇게 생각하니?'라는 질문 한마디는 서로의 생각을 키우는 씨앗이 되었다. 그 시간들이 얼마나 근사했던지, 마음이가 먼저 영화 데이트를 신청할 때마다 설렜다. 마음이와 함께 영화를 보고 이야기를 나누는 시간이 어느새 기다려졌다.

그렇게 우리는 맷 데이먼 주연의 〈마션(The Martian)〉, 크리스토퍼 놀란 감독의 〈인터스텔라(Interstellar)〉까지 함께 보며 우주에 대한 상식을 넓혀 갔다. 늦게 배운 도둑질이 무섭다고, 나 역시 어느새 과학의 매력에 점점 빠져들었다. 출

퇴근길마다 유튜브 〈과학을 보다〉를 들으며 알게 된 이야기를 마음이에게 전해 주는 일도 큰 즐거움이 되었다.

"엄마, 제가 좋아하는 윤하 노래 중에 〈사건의 지평선〉 있잖아요. 그거 지난번에 본 인터스텔라에 나왔던 블랙홀의 경계면을 말하는 거래요. 대박이죠?"

함께 영화를 보고 『코스모스』라는 공통의 책을 읽으며 질문을 주고받다 보니, 일상 속 대화도 훨씬 풍성해졌다. 우리 둘만 공유하는 세계가 생겨난 듯했다. 일방적인 질문과 지시 속에서는 정보는 오갈 수 있어도 생각이 오가는 대화는 일어나기 어렵다. 서로의 생각을 묻고 귀 기울이기 시작하자 아이의 생각은 조금씩 자라고, 나 역시 정답을 쥔 어른이 아니라 함께 배우는 사람으로 서게 되었다.

책을 좋아하는 마음이에게도 『코스모스』는 확실히 어려운 책이었다. 낯선 과학 용어가 쏟아졌고, 독서 모임 카페에서 제공하는 퀴즈와 '생각해 볼 문제'까지 함께 풀어야 한다는 부담도 컸다. 두 달쯤 모임이 이어졌을 때, 아이는 결국 두 손을 들었다.

"엄마, 이 책 읽는 게 너무 힘들어요. 이제 그만하고 싶어요."

순간 아쉬움이 스쳤다. 그러나 곧 고개가 끄덕여졌다. 성인인 나조차 버겁게 느끼는 책이었으니, 중학교 1학년에게는 더 말할 것도 없었다.

"그래, 마음아. 이건 나중에 다시 만나도 되는 책이야."

그렇게 나는 책보다 먼저 아이의 마음을 살피기로 했다.

부모는 아이에게 방향을 제시할 수는 있지만, 속도까지 정해 줄 필요는 없다. 흥미가 생기면 깊이 가고, 힘들어하면 잠시 멈추면 된다. 그 유연한 조율이 가능하다는 점에서 가족 하브루타는 공부라기보다 관계에 더 가까운 배움의 방식이다.

마음이는 언젠가 다시 『코스모스』를 펼쳐 볼 것이다. 지금은 책꽂이에 꽂힌 그 책을 바라보며 '언젠가 읽겠다'라는 마음만 품고 있을지도 모른다. 나처럼 뒤늦게 과학의 매력에 눈을 뜰 수도 있고, 전혀 다른 길에서 다시 만나게 될지도 모른다. 부모가 할 일은 그 가능성의 문 앞에서 질문을 건네고, 아이가 스스로 문을 열 때까지 조용히 기다리는 일이다.

3

불편한 질문을 피하지 않는 용기

"엄마, '고추'라고 하면 안 돼. '음경'이라고 해야 해. 남자는 음경, 여자는 음순!"

유치원에서 배운 지식을 자랑스럽게 늘어놓는 아이 앞에서 나는 얼굴이 붉어졌다. 성에 대해 말할 때 부모가 당황하면 안 된다는 이야기를 들어본 적은 있었지만, 아이의 입에서 아무렇지 않게 튀어나온 '음경'과 '음순'이라는 단어는 머릿속을 순식간에 하얗게 만들었다.

그때 문득 생각이 달라졌다. 이 주제를 피할 일이 아니라, 아이와 신뢰를 쌓을 기회일지도 모른다는 마음이 들었다. 그 이후로는 "아기는 어디서 나와?"라는 질문 앞에서도 얼버무리지 않았다.

"엄마 몸에는 아기가 나오는 길이 있어. 너희도 그 길로 나왔지."

우리는 허은미 작가의 그림책 『우리 몸의 구멍』을 함께 읽으며, 몸의 여러 구멍을 하나씩 찾아보는 놀이를 했다. 부끄러움이나 호기심을 억누르지 않고, 이름과 기능을 자연스럽게 배워가는 시간이었다.

내가 초등학교 6학년을 졸업할 무렵, 친구들과 떡볶이를 먹고 있을 때였다.

"얘들아, 나 아기가 어디서 나오는지 알아. 말해줄까?"

속삭이듯 흘러나온 친구의 한마디에 우리는 동시에 포크를 멈췄다.

"헉, 그 조그만 구멍에서 어떻게 아기가 나오는 거야?"

그 시절 우리의 성교육은 교실이나 어른이 아닌, 친구들 사이에서 비밀스럽게 오가는 이야기였다. 맞는 정보도 있었고, 잘못된 정보도 섞여 있었다. 무엇이 사실인지 확인할 방법은 없었고, 어른에게 묻는 일은 더 어려웠다.

내가 근무하던 초등학교 도서관마다 Why 시리즈 『사춘기와 성』은 늘 가장 낡은 책이었다. 아이들은 그 책을 보기 위해 구석에 삼삼오오 모여 앉아 웃음을 참으며 페이지를 넘겼다. 공식적으로 가르쳐주지 않아도, 아이들은 자기 몸과 성에 대한 답을 스스로 찾아 헤매고 있었다.

한 교육청에서는 성 관련 도서를 '유해 도서'로 분류해 폐기하기도 했다. 성에 대한 이야기는 여전히 사회의 음지로 밀려나 있었다. 2000년대의 현실 역시 내가 어린 시절 경험했던 성 인식에서 크게 나아진 것처럼 보이지 않았다.

그런 현실 속에서 TV에서 우연히 본 송경이 성교육 강사의 강연은 나에게 하나의 전환점이 되었다. 사춘기 아이와도 성 이야기를 편하게 나누는 부모가 되자고 마음먹은 순간이었다. 그날 이후 나는 성을 부끄러워하지도, 불편해하지도 않기로 결심했다.

그러던 어느 날, 아이들이 4, 5학년쯤 되었을 때였다.

"엄마, 아기는 어떻게 만들어져요?"

"잠자리 두 마리가 포개져 있는 걸 본 적 있지?"

"네, 짝짓기하는 거요."

"그럼 짝짓기가 뭔지 알아?"

"정자와 난자가 만나서 새로운 생명이 만들어지는 거요."

"그럼 동물도 짝짓기 해?"

"그럼요. 사자도 하고요. 우리 고양이 치즈도 새끼 못 낳게 정관 수술 받았잖아요."

"사람은?"

"네? 그럼 엄마, 아빠도 부비부비해서 우리가 태어난 거예요?"

아이의 장난스러운 질문에 나는 웃으며 말했다.

"그래, 맞아. 너희는 엄마, 아빠의 사랑이 만나 태어난, 사랑의 결실이야."

그날 이후 아이들은 성을 비밀처럼 속삭이지 않았다. 질문은 언제든 식탁 위에서도 자연스럽게 오갔다.

"엄마네 학교에 6학년 남자아이가 같은 반 여자아이에게 팬티 사진을 보내달라고 했대. 그 여자아이는 어떤 기분이었을까?"

"아… 그런 얘기 좀 하지 마요. 민망해요. 도대체 그런 사람들의 심리는 뭐예요?"

뉴스 이야기도 자연스럽게 대화의 계기가 되었다.

"J라는 가수가 불법 촬영물을 단톡방에 올렸다는 기사가 요즘 떠들썩하더라. 네 친구가 단톡방에 그런 사진을 올리면 너는 어떻게 할 것 같아?"

"잘못된 건 알지만… 친구들이 다 있으니까 나 혼자만 뭐라고 하긴 어려울 것 같아요."

아이의 대답은 서툴렀지만, 나는 그 순간 아이의 시선과 생각을 존중하며 차분히 귀 기울였다.

"그럴 수 있지. 그 상황에서 네가 아무 말도 하지 않는 것도 하나의 선택일까?"

정답을 강요하지 않고 질문을 이어 가며 함께 생각했다. 그것으로 충분했다.

성교육은 한 번에 끝나는 일이 아니라, 일상 속 대화를 통해 조금씩 쌓여 가는 과정이다. 숨기거나 얼버무리지 않고 진심으로 답할 때, 아이는 말보다 먼저 어른의 태도를 배운다. 가정에서 내가 어릴 때 들었더라면 좋았을 이야기를 전해 주는 것, 그것만으로도 충분한 시작이 된다. 부모와 자녀 사이의 신뢰가 깊어질수록 성에 대한 대화는 더욱 자연스러워진다. 사춘기 아이들이 성을 건강하고 긍정적으로 이해하도록 돕는 일은, 결국 그들이 맺어 갈 관계 전반을 지탱하는 바탕이 된다.

4

갈등은 피하는 것이 아니라, 배우는 것이다

큰아들 마음이는 신생아 때부터 유난히 순했다. 크게 손이 가는 아이는 아니었다. 어린이집에서도, 유치원에서도 늘 웃는 얼굴로 사람들 곁에 잘 머물렀다. 한 살 터울의 동생 바람이가 형의 장난감을 빼앗으며 제멋대로 굴어도 "우리 동생이잖아요." 하며 먼저 양보하곤 했다. 동생에게 화를 내거나 손을 든 적은 단 한 번도 없었다.

마음이가 네 살이던 어느 날, 지인의 결혼식에 아이들을 데리고 갔다. 내가 잠시 뷔페 음식을 가지러 간 사이, 마음이는 밥을 잘 먹지 않는 바람이에게 음식을 떠먹여 주고 있었다. 그 모습을 본 사람들은 "세상에, 이렇게 착한 형아가 다 있네요." 하며 연신 칭찬을 건넸다. 그날의 나는 그저 흐뭇했다.

하지만 마음이가 초등학교 4학년이 되던 무렵, 코로나19로 두 아이만 집에 있는 시간이 길어지자 마음속 응어리는 끝내 터져 버렸다.

"엄마, 나 바람이 때문에 너무 힘들어요. 바람이는 맨날 시비 걸고, 양보도 안 해요. 나 진짜 많이 참았는데… 이제는 더 이상 못 참겠어요."

늘 웃던 아이의 얼굴에서 눈물이 터져 나왔다. 그동안 꾹 눌러 담아 두었던 감정이 한꺼번에 쏟아져 나온 순간이었다.

반면 바람이는 "형이 더 이기적일 때도 있는데, 왜 내 탓만 해?"라며 억울한 표정을 지었다. 아이들만 집에 두고 출근하던 나는 두 아이의 갈등이 깊어지는 모습을 그저 지켜볼 수밖에 없었다.

마음이가 점점 지쳐가는 모습을 보던 어느 날, 나는 아이 방의 문을 두드렸다.

"마음이, 그동안 많이 힘들었구나. 첫째라고 해서 늘 양보할 필요는 없어. 엄마도 첫째여서 네 마음을 잘 알아. 동생을 위해 너무 참지 않아도 돼. 네 감정을 그대로 표현해도 괜찮아."

나의 위로는 마음이의 마음속 응어리를 잠시 풀어주었을

지 모른다. 그러나 그동안 동생에게 눌러 두었던 감정은 서서히 모습을 드러내기 시작했다. 사춘기에 접어들며 형제의 다툼은 잦아졌고, 그 투닥거림은 어느새 나의 평온한 일상까지 흔들어 놓았다.

아이들과 함께한 하브루타 독서 모임은 책을 읽고 생각을 나누는 시간이었지만, 때로는 또 다른 전쟁터가 되기도 했다. 큰아이와 내가 같은 의견을 내고 바람이가 다른 입장을 취하는 날이면 어김없이 긴장이 흘렀다. 바람이는 금세 수세에 몰린 듯 "둘이서 나만 몰아세우잖아!"라며 불편한 기색을 드러냈다.

나는 조급한 마음에 그 상황을 가볍게 넘기려 했지만, 그런 태도는 오히려 바람이의 마음을 더 굳게 닫아 버렸다. 하브루타에서는 자신의 생각을 밝히되 다른 사람의 관점도 존중해야 한다. 그러나 아직 미성숙한 아이에게 반박은 곧 부정으로 느껴졌던 모양이다.

이런 일이 반복될 때마다 나는 감정적으로 반응했고, 때로는 "그렇게 할 거면 하지 말자."라며 모임을 중단하기도 했다. 그제야 보였다. 아이들의 다툼보다 내가 갈등 앞에서 먼저 흔들리고 있었다는 사실이.

어릴 적 나는 늘 갈등을 피하려 했다. 싸움이 생기면 문제를 마주하기보다 비켜 서는 쪽을 택했다. 그 습관은 부모가 되어서도 그대로 남아 있었다. 그래서 아이들의 부딪힘을 다뤄야 할 과정이 아니라, 빨리 없애야 할 불편으로만 여겨 왔다.

『어른이 되기 전에 꼭 한 번은 논어를 읽어라』에 이어 김종원의 『너에게 들려주는 단단한 말』로 독서 모임을 이어가던 어느 날이었다. 바인더에 오늘의 문장을 옮겨 적고 질문을 만드는 동안, 큰아이가 연필을 쥔 손이 유난히 어색하게 눈에 들어왔다.

"마음아, 연필 그렇게 잡으면 안 불편해? 이렇게 잡고 써 봐."

내가 말을 건네자, 그 모습을 지켜보던 작은아이가 마음이를 툭 건드렸다.

"에이, 중3이나 돼서 연필도 똑바로 못 잡고…."

"야, 작작해라. 난 네 친구가 아니야. 형이야. 내가 다른 형들처럼 너 때리고 함부로 한 적 있어? 근데 넌 왜 그러냐?"

큰아이의 얼굴이 싸늘하게 굳었다. 또 한 번의 다툼이 시작될 것만 같았다.

그러나 마음이는 감정을 앞세우지 않았다. 동생을 향한 마음과 그동안 얼마나 서운했는지, 또 동생에게 무엇을 바라는지를 차분히 풀어냈다. 말없이 고개를 숙인 채 듣고 있던 바람이도 형의 진심을 알아차린 듯, 이내 얼굴을 들어 형을 바라보며 말했다.

"친구들한테는 좀 무시하듯, 놀리듯 말해도 다 받아주잖아. 우리는 자주 장난치니까 형아한테도 그렇게 말해도 된다고 생각했어. 앞으로는 조심할게. 형아, 미안해."

아이들은 얼굴을 붉히며 상처 되는 말로 맞서는 대신, 자신의 생각을 하나둘 조리 있게 꺼내 놓고 있었다. 어른인 나보다 더 나았다. 갈등이 생기면 서둘러 덮어 버리려 했던 나와 달리, 아이들은 갈등 앞에 멈춰 서서 스스로 풀어내고 있었다. 그 모습을 바라보며 나는 오히려 흐뭇해졌다.

하브루타 독서 모임은 아이들을 위한 시간이 아니라, 나를 단련시키는 시간이었다. 갈등을 피하지 않고 감정을 다스리며 관계를 이어 가는 연습, 그것은 부모로서의 성장인 동시에 인간으로서 평생 안고 가야 할 숙제였다. 싸움은 멀리해야 할 일이 아니라, 함께 걷는 길 위에서 서로를 배워 가는 과정이었다.

* 5 *

북극성을 가진 부모,
길을 찾는 아이

초등 교사로 3년간 근무한 뒤, 2년간의 유학 휴직을 내고 영국으로 떠나 TESOL for Young Learners 석사 과정을 밟았다. 제주라는 국제 자유 도시에서 영어라는 무기를 지닌 초등 교사로서 나만의 정체성을 세우고 싶었던 젊고 뜨거운 도전이었다.

그러나 학위를 마친 뒤 다양한 경험을 쌓으며 꿈을 펼쳐야 할 시기에, 결혼과 함께 경기도로 전출을 오게 되었다. 영어를 강점으로 펼칠 수 있는 환경은 더 이상 내게 남아 있지 않았다. 그렇게 그곳에서 내 무기는 서서히 빛을 잃어갔다.

평범한 엄마이자 교사로 살아가는 일상이 반복될수록, 나는 흐름에 몸을 맡긴 채 안주하고 있었다는 사실을 뒤늦게 깨달았다. 그때 스튜어트 에이버리 골드의 『핑!』을 읽었다. 개구리 핑의 이야기는 단순한 우화였지만, 내게는 날카로운 깨달음으로 남았다. 생각을 행동으로 옮기느냐에 따라 삶의 결이 달라진다는 사실이었다. 나는 마음속 깊이 나만의 북극성을 세우겠다고 다짐했다. 결심과 동시에 비전을 글로 옮기자, 희미했던 미래의 장막이 서서히 걷히는 듯했다.

마침 내가 속한 교사 성장 모임 '자기 경영 노트 연구소'에서는 2024년을 위한 비전 보드 미션이 진행되고 있었다. 내가 향하고 싶은 방향을 글과 그림으로 옮기며 나만의 북극성을 보드 위에 올리자, 앞에 놓인 길이 반짝이는 듯 보였다. 그 작은 실천은 더 큰 흐름을 만들어 공저 『퓨처 티처』 발간으로까지 이어졌다.

놀라운 일들이 연이어 일어났다. 주변의 많은 것들이 자연스럽게 내 비전의 방향으로 움직이기 시작했다. 작은 선택과 우연처럼 보였던 기회들, 일상의 사소한 순간들까지 하나둘 내 비전을 향해 맞춰졌다. 비전을 공표한 지 1년쯤 지나 다시 보드를 들여다보니, 적어 두었던 일들의 상당수가 이미 현실이 되어 있었다. 그때 나는 알 것 같았다. 삶에서 나만의 북극성을 갖는 일이 나를 움직이게 하는 가장 강력한 힘이라는 것을.

나이 오십에 가까워 비전 보드를 만든다는 것이 늦은 일처럼 느껴지기도 했다. 그러나 그 늦음마저 감사하게 다가왔다. 이제라도 꿈을 꾸고, 남은 삶을 그려갈 수 있음이 고마웠다. 이 변화가 나만의 착각은 아닐까 의심했지만, 역사를 돌아보면 비전이 현실을 바꾼 사례는 숱하다. 유대인은 2,500년이 넘는 디아스포라의 시간을 견뎌내다 1948년 마침내 이스라엘을 건국했다. 사막 한가운데 천연자원 하나 없는 땅에 세워진 그 나라는 비전의 힘이 만들어낸 기적이었다. 현실 너머를 상상하고 가능성을 믿었던 사람들이 결국 불가능을 가능으로 바꾸어낸 것이다.

빅터 프랭클 박사는 『죽음의 수용소에서』에서 이렇게 말했다.

"희망을 잃지 않는 상상력만이 인간을 살린다."

나의 비전 보드도 그러했다. 마음속 북극성은 삶의 나침반이 되어 나를 한 걸음씩 이끌었다. 그 경험이 너무도 신기하고 감사해, 나는 그 힘을 아들들과 나누고 싶어졌다. 나처럼 아이들도 자신만의 북극성을 발견해, 그 빛을 따라 스스로의 길을 찾기를 바랐다.

"너희는 중학교 때 이루고 싶은 게 있어? 꼭 해보고 싶은 건 없어? 꿈은 뭐야?"

1년 동안 자유 학년제를 통해 자신을 탐색할 기회를 가졌던 첫째도, 막 중학교에 들어간 둘째도 대답은 짧았다.

"글쎄요… 모르겠어요."

그 말을 듣는 순간, 아이들 마음속에는 아직 북극성이 켜지지 않았다는 생각이 들었다. '몰라요'라는 말은 어쩌면 '아직 내 마음속 방향을 찾지 못했어요'라는 또 다른 표현일지도 모른다. 어른이 먼저 자신의 방향을 살아낼 때, 아이들 마음속에도 북극성은 하나씩 켜진다. 그래서 나는 프랭클 박사가 절망의 한가운데서도 미래를 상상하며 하루를 버텼다는 이야기를 들려주었다. 그리고 함께 비전 보드를 만들어보자고 제안했다.

12월 마지막 주말, 새해를 준비하며 아들들과 함께 비전 보드를 만들었다. A4 용지 한가운데에 동그라미를 그리고 그 안에 각자의 이름을 썼다. 학교 생활과 가족 관계, 건강, 생활 습관, 취미 등 여섯 영역으로 나누어 이루고 싶은 일을 글과 그림으로 담아 보았다.

아직 비전 보드가 낯선 아들들은 현실 가능성을 먼저 따지며 "이건 너무 비현실적인 것 같아요"라며 지웠다 쓰기를 반복했다. 가까스로 목표를 하나 적어 놓고도 이내 "이건 좀 과한 것 같아요"라며 스스로 선을 그었다.

"괜찮아. 책상 앞에 붙여 두고 새로운 꿈이 생길 때마다 하나씩 더해 가면 돼. 중요한 건 지금 당장 완벽한 비전을 세우는 게 아니야. 내 마음이 어디로 향하고 있는지 알아차리는 거야."

우리는 그렇게 각자의 비전 보드를 완성하고 차례로 발표했다. 평소 형에게 시비를 자주 걸던 둘째는 자신의 보드에 '형을 먼저 배려하기'라고 적어 놓았다. "그냥요", "몰라요"라며 얼버무리던 아이가 스스로를 돌아보고 관계를 바꾸고 싶다는 마음을 처음으로 말한 순간이었다.

큰아이는 혼자 하던 수학과 영어 공부에서 한계를 느낀 건지, 학원에 다니며 시험 성적을 올리고 싶다고 했다. 나 역시 개인 저서를 써보고 싶다는 비전을 나누었다. 그 순간 우리는 서로의 비전을 향해 뜨거운 박수와 응원을 보냈다.

책상 앞에 붙인 우리의 비전 보드가 모두 이루어지는지는 중요하지 않다. '몰라요'라고 말하던 아이들이 언젠가 "이건 해보고 싶어요"라고 말할 그 날을 위해, 우리는 함께 작은 북극성을 켰다. 비전 보드에 적힌 마음속 이야기들은, 이제 막 방향이 움직이기 시작했다는 신호일지도 모른다.

⁎ 6 ⁎

통제로는 닿지 않는 아이의 마음

다정하고 친구 같은 부모가 좋은 부모라고 믿었다. 여러 매체의 인터뷰에서 "어떤 부모가 되고 싶으냐"는 질문이 나오면 사람들은 흔히 '친구 같은 아빠, 친구 같은 엄마'라 대답했다. 그것은 이전 세대의 권위를 내려놓고 자녀와 더 가까워지고 싶다는 바람이 담긴 말이었다.

퇴근길, 아파트 엘리베이터에서 한 아버지와 아이 둘을 마주쳤다. 그는 주변을 의식하지 않은 채 큰 소리로 "방귀 냄새가 난다"라며 아이들과 장난을 주고받았다. 아이들은 지지 않으려는 듯 아버지의 방귀 이야기를 꺼내며 떠들어댔다. 그는 권위적이지도, 그렇다고 권위 있어 보이지도 않았다. 아이들에게 엘리베이터에서의 최소한의 예절을 알려줄 수도 있었을 텐데, 그는 친구처럼 어울리는 데 더 집중하고 있었다. 나는 그 장면을 보며 불편함을 느꼈다.

코로나19로 온라인 수업과 등교 수업이 병행되던 시기였다. 교무실에서 업무를 보던 중, 6학년 담임 교사와 교감 선생님의 대화가 들려왔다.

"수철이가 지난주 온라인 수업에도 안 들어오더니, 이번 주엔 학교에도 안 나왔어요. 밤새 게임만 하느라 아침에 못 일어난대요. 집에 한번 가봐야 할 것 같아요."

그 이름이 유독 귀에 남아, 나는 대화에 끼어들었다.

"김수철이요? 1학년 때 저희 반 아이였어요. 그 아이가 그럴 리가 없는데요."

나는 담임 교사의 가정 방문에 동행했다. 초인종 소리에 문을 열고 나온 수철이는 나를 보자 놀란 눈을 했다. 오랜만에 마주한 얼굴은 1학년 때와 크게 다르지 않았다. 담임 교사는 아이와 방으로 들어갔고, 나는 어머니와 거실에 마주 앉았다. 5년 전 활기차던 모습은 사라지고, 수척하고 지친 얼굴만 남아 있었다. 남편과 이혼한 뒤 아이와 단둘이 지내고 있다고 했다.

“수철이가 저를 때려요.”

어머니는 팔과 다리를 걷어 올리며 멍 자국을 보여주었다. “일찍 자라, 게임 그만해라, 학교 가야지”라고 아무리 말해도 아이는 듣지 않았고, 오히려 밀치고 때리며 소리를 질렀다고 했다. 쉽게 믿기 어려웠다. 학교에서는 말수가 적고 말썽 한 번 부리지 않던 아이였다.

“수철이는 지금 어머님과 힘을 겨루고 있는 것 같아요. 그래서 더 혼란스러워 보이고요. 되고 안 되는 기준을 조금만 분명히 잡아 주시면 아이도 훨씬 편안해질 거예요. 부모의 역할은 결국 부모만이 할 수 있으니까요.”

나는 조심스럽게, 그러나 분명하게 말했다.

부모는 자녀에게 어떤 모습이어야 할까. 심리학자 다이애나 바움린드는 부모의 요구 수준과 반응 정도에 따라 양육 방식을 네 가지로 구분했다. 권위 있는 양육, 권위적 양육, 허용적 양육, 방임적 양육이다. 이 가운데 가장 이상적인 유형은 권위 있는 양육이다.

권위 있는 부모는 아이의 친구가 되려 하지 않는다. 대신 다정하지만 분명한 태도로 아이 앞에 선다. 가르침에는 엄격함이 담기되, 체벌이나 협박에 기대지 않는다. 아이가 옳은 방향으로 갈 수 있도록 기준을 세우고, 그 길을 함께 지켜본다. 이런 환경에서 아이는 부모를 두려워하기보다 신뢰하게 된다.

수철이 어머니를 떠올리며 스스로에게 물었다. 나는 어떤 부모로 살고 있는가. 아이들은 어른 앞에서 예의를 지키고, 규칙 속에서 자기 할 일을 해내야 한다고 믿었다. 그 믿음은 내 태도가 되었다.

그러다 보니 교실에서 만나는 모범적인 아이들의 모습이 기준이 되었고, 집에서는 내 아이들에게 더 엄격해졌다. 다정함과 냉정함 사이를 오가며 규칙을 어기면 단호하게 통제했고, 잘못이 있으면 끝까지 추궁했다. 그 과정에서 나는 '권위 있는 엄마'가 아니라 '통제에 매인 엄마'가 되어가고 있었다.

아이들이 사춘기에 접어들자, 그 균열이 드러나기 시작했다. 만만하게 보이지 않기 위해 통제를 강화할수록 아이들은 그것을 억압으로 받아들였고, 그 억압은 저항으로 돌아왔다.

"바람아, 머리를 좀 깔끔하게 자르자. 눈이 하나도 안 보이잖아."

"싫어요. 엄마랑 미용실 가면 또 짧게 자르라고 할 거잖아요. 저는 앞머리가 긴 게 좋아요."

사소한 말다툼이었지만 묘한 허탈함이 남았다. 그 감정을 따라가다 보니, 깔끔함이 아니라 아이를 내 뜻대로 움직이고 싶었던 마음이 보였다. 나는 '권위 있는 양육'이라는 말 뒤에 통제를 숨기고 있었다. 아이의 취향과 의사를 존중하기보다, 그것을 권위에 대한 도전으로 받아들이고 있었다. 하브루타의 기본인 '상대의 의사를 존중하는 태도'를 가장 가까운 아이에게서부터 놓치고 있었다.

아이가 달라지길 바라며 시작한 하브루타는 결국 나부터 바뀌어야 하는 일이었다. 그 사실을 받아들이기까지 적지 않은 시간이 걸렸다. 사춘기에 접어든 아이에게 통제와 규율을 앞세우기보다, 선택과 실수 속에서 스스로 판단하도록 한 걸음 물러서기로 했다.

어느 날, 식사 중 큰아이가 조심스럽게 입을 열었다.

"엄마, 사실 엄마가 뭐라고 할까 봐 그동안 말을 못 했어요. 중학교 와서 친구들이 PC방 가자고 해서 몇 번 같이 갔어요. 저는 게임을 잘 못해서 옆에서 보기만 했고요. 한번 해보라고 해서 해봤는데 재미가 없더라고요. 그래서 이제는 안 가려고요."

아이의 말이 오래 남았다. 통제로는 닿지 않던 변화가 대화 속에서 드러났다. 내가 일일이 허락하고 금지할 필요는 없었다. 아이가 스스로 겪고 판단하도록 맡겨야 했다. 그 힘을 이미 키워 왔다는 사실을 이제는 믿어도 되었다.

* 7 *

아이에게
돌아올 수 있는 자리

청소년 시절, 학교를 마치고 집에 돌아왔을 때 엄마가 외출 중이거나 손님과 시간을 보내고 있으면 마음이 묘하게 허전했다. 내가 바랐던 것은 특별한 것이 아니었다. 그저 엄마와 나란히 앉아 TV를 보며 이야기를 나누는 시간이었다. 그렇게 도란도란 이야기를 나누다 보면 하루의 피로가 풀리고, 마음속 고민과 갈등도 스르르 가라앉았다.

내게 엄마는 가장 편하게 말을 건넬 수 있는 사람이었고, 마음에 평안을 주는 존재였다. 나 또한 아이들에게 언제든 마음을 열고 돌아올 수 있는, 믿음직한 대화의 자리가 되고 싶었다.

아이들은 초등학교 3, 4학년 때부터 집 앞 논술학원에 일주일에 한 번씩 다니기 시작했다. 어느덧 다섯 해가 흘렀다. 지금은 이사를 해 버스로 네댓 정거장을 가야 하지만, 아이들은 그동안 선생님과 쌓아 온 신뢰를 이유로 학원을 옮기고 싶어 하지 않았다. 변화 앞에서 쉽게 결정을 내리지 않고 한 번 더 생각하는 아이들이었다.

중학생이 되자 논술 수업은 밤 10시에 끝나게 됐다. 갈 때는 혼자 버스를 타고 가지만, 마칠 무렵이면 내가 데리러 간다. 수요일은 큰아이, 목요일은 작은아이 차례다. 집으로 돌아오는 십오 분 남짓의 시간은 아이와 나만 남는 순간이다. 누구에게도 방해받지 않는 하루의 귀한 틈이다.

"엄마, 오늘 아침에 동아리 축구했는데 완전 멋진 슛을 넣었어요."

"우와, 어떻게 넣었는데?"

"커브로 차서 골대 맞고 들어갔어요!"

"그럼 진짜 어려웠겠다."

혹시 자랑이 지나쳐 친구 관계가 흐트러질까 마음이 쓰였지만, 아이는 웃으며 말을 이었다.

"걱정 마세요. 엄마한테만 하는 얘기잖아요."

그래, 엄마 앞에서는 어떤 자랑도 괜찮다. 아이의 기쁨과 자부심을 그대로 받아 줄 수 있는 자리는 지금도, 앞으로도 여기다. 이런 시간이 쌓이며 아이 마음속에는 엄마는 내 이야기를 안전하게 꺼낼 수 있는 사람이라는 자리가 만들어진다.

새집으로 이사하며 인테리어를 하게 되었다. 아이들 방은 크기가 넉넉하지 않았다. 책상과 책꽂이, 옷장, 침대 정도를 놓으면 공간이 금세 채워졌다. 그동안은 기성 가구로 채웠지만, 이번에는 제작 가구로 짜 보기로 했다. 무엇보다 아이의 마음을 먼저 묻고 싶었다.

"너희 방 인테리어 하는데, 원하는 게 있어?"

큰아이는 망설임 없이 말했다.

"한 가지 있어요. 건담이랑 레고 전시할 자리만 있으면 돼요. 치즈가 건드리지 못하게 유리문도 달아 주세요. 나머지는 다 엄마가 정해도 괜찮아요."

아이의 말대로 책꽂이 맨 위 칸에 유리문과 조명을 달아 작은 전시 공간을 만들었다. 아이는 많은 것을 요구하지 않았다. 대신 자기 세계의 한 부분을 내보였다.

가끔은 아이에게 원하는 것을 물어보고도 "그것보단 이게 낫지 않아?" 하며 내 생각을 먼저 말해 버릴 때가 있다. 그러면 아이는 어김없이 되묻는다.

"그럴 거면서 왜 물어봤어요?"

맞는 말이다. 답을 정해 둔 채 던지는 질문. 나 역시 그런 질문을 받을 때마다 답답함을 느껴 왔다. 그런데 돌아보니 나도 아이에게 같은 일을 하고 있었다.

선택을 아이에게 맡기지 않으면 결과 역시 자기 일로 받아들이지 않는다. 일이 어긋나면 "엄마가 그렇게 하랬잖아요." 라는 말이 돌아온다. 반대로 선택을 맡기고 한 걸음 물러서 지켜보면 달라진다. 잘된 선택 앞에서는 스스로 뿌듯해하고, 어긋난 선택 앞에서는 말이 줄어든다. 책임은 그렇게 자라난다. 그리고 그 책임 위에 신뢰가 쌓인다.

앞서 언급한 학교 폭력 문제로 큰아이 마음이와 이야기를 나눌 때, 나는 그 일을 우리 둘만의 이야기로 남겨 두었다. 마음이는 사소한 일로 가족이 걱정하는 것을 원하지 않았고, 모든 과정을 나에게만 털어놓았다. 나는 그 마음을 존중하고 싶었다. 피해 학생 부모님께 사과를 전하는 과정도 우리 둘 사이에서 조용히 진행했다.

“제가 가장 믿을 수 있는 사람은 바로 엄마예요.”

그 시간을 지나며 마음이는 나에게는 뭐든 숨기지 않아도 된다는 확신을 조금씩 쌓아 갔다.

아이의 이야기에 귀 기울이고, 작은 선택 하나를 존중해 주는 순간이 있다. 그때 부모는 단순히 말을 들어주는 사람이 아니라, 아이가 자신의 세상을 안전하게 탐색하도록 곁을 지키는 사람이 된다. 청소년기에는 말보다 신뢰가 먼저 쌓인다.

질문하고 답하며 함께 생각을 나누는 하브루타식 대화는 아이와 나 사이를 잇는 가장 단단한 연결이다. 오늘도 짧은 대화 속에서 아이는 자기 길을 더듬어 찾고, 나는 한 걸음 물러서 함께 걷는 법을 배운다. 부모가 할 수 있는 일은 아이 대신 길을 정해 주는 것이 아니라, 언제든 돌아와 말을 꺼낼 수 있는 자리를 지켜 주는 일이다. 그 자리가 남아 있는 한, 아이는 자기 속도로 성장하며 다시 말을 걸어올 것이다.

8

길을 앞서지 않기로 했다

연년생 두 아들이 중학교 1, 2학년이 되던 해, 남편은 사업 준비를 위해 고향 제주로 내려갔다. 몇 년이 걸릴지는 알 수 없었지만 두 주에 한 번씩은 꼭 올라오겠다는 약속을 남기고 떠났다.

주말부부라는 말에 누군가는 '전생에 나라를 구한 사람에게만 주어지는 특권'이라며 부러워했고, 또 누군가는 '사춘기 남자아이 둘을 혼자 감당할 수 있겠냐'라며 걱정했다. 아버지의 부재가 아이들 마음에 어떤 흔적으로 남을지, 그 질문은 쉽게 사라지지 않았다.

남편은 한때 사업 실패를 겪은 뒤 다시 일어서기까지 시간이 필요했다. 가장이라는 책임에 눌려 아이를 세심히 살피거나 마음을 말로 전하는 데에는 익숙하지 않았다. 모범생에 가까운 큰아이와 달리, 손이 많이 가는 막내 바람이에게 특히 말이 앞서는 편이었다.

그래서였을까. 아빠가 제주로 간다는 말을 듣자 바람이는 뜻밖에도 밝은 표정을 지었다.

"바람아, 아빠 없이 우리끼리 잘 지낼 수 있을까? 엄마는 좀 걱정돼."

"저는 오히려 편해요. 아빠는 늘 자기 생각이 먼저잖아요. 제 얘기는 잘 안 들어요. 외식할 때도 아빠가 먹고 싶은 걸로 정하고…."

그날 밤, 바람이의 말이 오래 남았다.

'아빠는 내 말을 들어주지 않는다.'

투정처럼 들릴 수도 있었지만, 그 안에는 존중받지 못한다는 서운함이 담겨 있었다. 아이에게 존중이란 의견을 묻는 형식보다, 생각과 감정을 가볍게 넘기지 않는 태도에 더 가까웠다. 돌아보면 나 역시 부모라는 이름으로 아이의 말을 서둘러 접어 둔 순간이 적지 않았다. 그날 이후 나는 아이의 말을 중간에 끊지 않으려 애썼다. 끝까지 듣고, 판단 대신 "그럴 수도 있겠네."라고 말했다. 그 한마디에 아이의 표정이 달라졌다.

남편은 제주로 내려간 지 1년 남짓 만에 가족과 떨어져 지내는 외로움을 이기지 못하고 다시 돌아왔다. 그러나 직장을 다니며 사업을 준비하느라 가족과 보내는 시간은 여전히 많지 않았다. 여름방학이 끝나갈 무렵, 나는 아이들만 데리고 1박 2일 춘천 여행을 떠났다. 평소처럼 계획을 세우지 않고, 이번만큼은 무계획 여행을 하기로 했다. 차에 오르자마자 각자 이번 여행에서 지킬 약속을 하나씩 정했다.

작은아이는 "각자 추천하는 장소 한 곳씩 가기."
큰아이는 "서로 짜증 내지 않기."
나는 "다른 사람이 고른 선택에 군말하지 않기."

춘천으로 향하는 길, 산 사이로 호수에 비친 햇살이 반짝였다. 창문을 반쯤 내리자 바람이 차 안을 가득 채웠다. 도로는 막혔지만 라디오에서 흘러나오는 노래 덕분에 분위기는 느긋했다. 큰아이가 흥얼거리자 작은아이가 자연스럽게 장단을 맞췄다. 그 모습만으로도 이번 여행은 이미 충분했다.

잠시 후, 큰아이가 조심스럽게 말했다.

"엄마, 점심 메뉴는 제가 정해도 돼요?"

"당연하지. 약속 기억하지?"

잠시 망설이던 아이가 말했다.

"그럼… 막국수 먹으러 가요."

아침에 빵을 먹은 터라 "또 탄수화물?"이라며 넘겼을 말이었지만, 이번에는 아무 말 없이 따랐다. 아이의 선택을 그대로 받아들였다.

목장에서 동물에게 먹이를 주고, 소양호 스카이워크를 걸었다. 카페에 앉아 노을이 질 때까지 아무 말 없이 시간을 보냈다. 숙소로 돌아오는 길, 아이들은 "오늘 진짜 재밌었다."라며 웃음을 멈추지 않았다.

대단한 곳을 간 것도, 특별한 일이 있었던 것도 아니었다. 우리는 서로의 선택을 존중하며 하루를 보냈고, 아이들은 그 안에서 마음을 숨기지 않았다.

다음 날, 여행을 마치며 닭갈비 집으로 향했다. 땡볕 아래서 한 시간 넘게 기다렸지만 아무도 불평하지 않았다. 숯불 위에서 고기와 채소가 익어 가는 동안, 우리 셋의 시간도 천천히 흘렀다. 입이 짧은 바람이가 남은 고기를 싹쓸이하며 말했다.

"엄마, 여기 닭갈비 진짜 맛있어요. 아빠 것도 포장해 가요."

나는 말없이 고개를 끄덕였다.

아이의 뒷모습을 따라 걸어 보면 보이기 시작한다. 어디에서 멈추는지, 무엇에 눈길을 두는지, 무엇 앞에서 편안해지는지. 그 순간 부모의 시선은 가르침에서 관심으로 옮겨간다. 반대로 부모가 앞서서 길을 정해 주면 아이는 선택할 기회를 잃고 점점 수동적인 자리에 머문다. 아이의 말을 끝까지 듣는다는 것은, 그 선택을 존중하겠다는 태도이기도 하다.

먼저 묻고, 기다려 주는 일.

그것이 결국 아이 곁에 남는 방식이다.

미경 쌤의 생각을 여는 질문

정답을 찾기보다 아이의 생각을 이어주는 질문을 건네 보세요.

"오늘 친구와 있었던 일 중 가장 기분 좋았던 일은 뭐야?"
"왜 그 일이 좋았을까?"
"그 친구는 왜 그런 행동을 했을 것 같아?"

아이에게 친구 이야기를 묻는 질문은 아이의 관계 세계를 들여다보는 창이 됩니다.
"친구랑 잘 지냈어?"라는 질문보다 구체적인 상황을 묻는 질문이 아이의 생각을 더 깊이 끌어냅니다.
질문은 하루를 확인하는 말이 아니라 마음을 이해하는 시작입니다.

4장

우리 집 하브루타 이렇게 시작했다

1

사랑은 방법이 아니라 태도였다

세상에 태어나 내가 가장 잘한 일을 꼽으라면, 단연 두 아들을 낳은 일이다. 신혼 초 남편과의 티격태격도, 육아와 직장 생활을 병행하며 쌓였던 고단함도 아이들 얼굴을 떠올리는 순간 사라지곤 했다. 첫째 마음이를 낳고 석 달의 출산 휴가가 끝나자 나는 곧바로 학교로 복귀했다. 마음이는 아파트 1층 어린이집에 다녔다. 어느 날 제주에 계신 시부모님이 아이를 보러 올라오셨고, 다음 날 아침 나 대신 아이를 어린이집에 맡긴 뒤 제주로 내려가시겠다고 했다. 학교에서 수업 준비를 하고 있는데 전화가 울렸다.

"마음이 엄마야, 우리가 마음이 데리고 제주에 가서 일주일만 지내다가 주말에 다시 올게."

그 말을 듣는 순간 눈물이 왈칵 쏟아졌다. 며느리를 돕고 싶은 마음이라는 걸 알면서도, 그때의 나는 아이를 빼앗기는 듯 느껴졌다. 하루라도 아이를 보지 못한다는 건 상상할 수 없었다. 내 울음에 놀라신 시부모님은 결국 아이를 어린이집에 맡기고 내려가셨다.

지금 돌아보면 과했던 반응이었지만, 그때의 나는 아이 냄새만 맡아도 행복이 가득 차오르던 시기였다. 잠들기 전에는 아이를 꼭 끌어안고 머리끝부터 발끝까지 뽀뽀하며 재웠고, 아침이면 품에 안은 채 조용히 말을 건넸다.

"우리 마음이, 일어날까?"

시간이 흐르고 아이들이 자라면서 나는 조금씩 변해 갔다. 어느 순간부터 아이들 앞에서 잔소리를 먼저 꺼내는 사람이 되어 있었다. 아이 마음을 들여다보기보다 "너희가 틀렸고 엄마가 맞다"라는 말로 상황을 정리하려 했다.

바람이와 숙제로 시작된 말다툼은 금세 태도와 말버릇을 따지는 싸움으로 번졌다. 나는 감정을 가라앉히지 못한 채 목소리를 높였다. 그 모습을 지켜보던 마음이가 말했다.

"엄마는 초등학교 1학년 담임만 오래 해서 그런지, 너무 유치해요."

"엄마가 뭐가 유치하다는 거야?"

"바람이랑 싸울 때 보면요. 엄마도 진짜 애 같아요. 말꼬리 잡고 삐졌다가 결국 버럭하고, 며칠 동안 말도 안 하잖아요."

아이의 말은 변명할 틈도 없이 정확했다. 그 말이 가슴 깊이 남았다.

여유가 있을 때는 아이들과 웃으며 대화했다. 하지만 마음이 급하거나 불편한 날이면 그 불안이 고스란히 아이들에게 향했다. 늦게 귀가해 집이 어질러져 있으면 나는 먼저 화를 냈다. 어렵게 쌓아온 관계는 그때마다 조금씩 흔들렸다.

중학생이 된 아이들을 보며 문득 어린 시절이 그리워진다. 아장아장 걷던 모습, 까르르 웃던 소리. 예전 영상을 틀어 놓고 "내 애기 어디 갔어?" 하고 웃다가 문득 멈춘다. 지금 사춘기 소년들의 모습도 언젠가는 그리워할 시간이기 때문이다. 아이들이 내 곁에 머무는 시간은 생각보다 짧다. 아직 함께 밥을 먹고 같은 집에서 하루를 마무리하고 있지만, 이 순간도 머지않아 지나갈 것이다.

어느 날 방송에서 이런 말을 들었다.

"내 아이를 손님 대하듯 귀하게 대하자."

그 말이 오래 남았다. 나는 소중한 손님을 내 뜻대로 움직이려 했던 건 아닐까. 아이를 돌보는 일이 어느새 처리해야 할 일처럼 느껴지고 있었던 건 아닐까.

이제 나는 아이를 대할 때 한 번 더 멈춘다. 말보다 눈을 먼저 맞추고, 결론보다 기다림을 선택한다. 사랑은 특별한 방법이 아니라 태도에서 시작된다는 것을 조금씩 알아가고 있다.

그 마음을 놓치지 않기 위해 세 가지를 꼭 실천하고 있다.

먼저, 아침마다 아이의 어깨와 팔, 다리를 가볍게 눌러 주며 하루를 연다. 말 대신 손으로 전하는 인사다. 아이는 눈을 뜨지 않은 채 나를 꼭 안는다.

"사랑해요."

그 한마디면 충분하다. 말이 적은 사춘기에도 손길은 솔직하다. 손끝이 닿는 동안 아이의 긴장은 풀리고, 나 역시 마음이 가라앉는다.

또 하나는 함께 밥을 먹는 일이다. 등교 전에도 밥을 챙기고, 하교 후에는 아이들과 같은 자리에 앉는다. 가능하면 일정을 조정해 아이들끼리만 밥을 먹는 날을 만들지 않으려 한다. 반찬이 많지 않아도 괜찮다. 따뜻한 밥상 앞에 앉으면 하루의 긴장이 풀린다. 아이들은 자연스럽게 학교 이야기를 꺼내고, 나는 묻지 않아도 아이들의 하루를 알게 된다. 우리 집에서 밥상은 여전히 대화가 시작되는 자리다.

마지막으로, 답 대신 질문을 남긴다.

"오늘 하루는 어땠어?"

"그때는 어떤 기분이었어?"

바로 대답하지 않아도 괜찮다. 말이 없으면 그 침묵까지 기다린다. 질문은 답을 얻기 위한 것이 아니라, 아이 마음이 머물 자리를 내어주는 일이기 때문이다.

관계는 특별한 방법으로 만들어지지 않는다. 매일 반복되는 일상 속에서 눈을 마주치는 짧은 순간과 따뜻한 손길, 함께 나누는 밥 한 끼 안에서 조금씩 쌓인다. 말보다 먼저 닿는 손길로, 밥 한 끼에 담긴 마음으로, 오늘도 나는 아이의 하루를 조용히 어루만진다.

* 2 *

엄마로 살다,
다시 나로 살기 시작했다

아이들이 중학교에 들어갈 무렵, 직장에서의 승진 준비도 어느 정도 마무리되었다. 그즈음 나는 육아와 업무에 치이는 삶을 넘어, 나 자신을 위한 시간이 필요하다고 분명히 느꼈다. 아이들은 이미 손길이 일일이 필요하던 시기를 지나 스스로 해낼 수 있는 일들이 늘고 있었다. 언제까지나 곁에 붙들어 둘 수는 없었다.

자녀에게 모든 것을 쏟아부은 부모가, 아이들이 떠난 뒤 찾아온 공허함을 견디지 못했다는 '빈둥지 증후군' 이야기를 종종 접했다. 낯설게만 느껴지던 말이었지만, 이제는 그 마음이 이해되었다. 엄마라는 이름에 몰두하며 살아온 시간 속에서, 나는 얼마나 나 자신을 뒤로 미뤄 두고 있었을까.

그래서 결심했다. 아이들이 점점 독립해 가는 이 시기에, 나 또한 나의 삶을 다시 세우기로. 아이들에게는 간섭 대신 믿음을 건네고, 나는 배움과 도전을 이어가는 것. 그것이 아이에게도, 나에게도 건강한 독립의 방식이라 생각했다.

하지만 현실은 쉽지 않았다. 아이들만 두고 배움을 위해 어딘가로 떠나는 일은 내게 사치처럼 느껴졌다. 남편은 퇴근이 늦었고, 나는 아이들을 돌보며 동시에 성장할 방법을 찾아야 했다. 다행히 코로나19를 계기로 온라인 배움의 길이 열렸다. 아이들 식사를 챙기고 집안일을 마친 뒤 책상 앞에 앉으면, 그때부터 나만의 시간이 시작되었다. 줌(Zoom)은 내게 새로운 배움의 문이었다.

교사 성장 모임에 가입했다. 토요일이면 새벽 6시에 일어나 독서 모임에 참여했다. 책을 읽고 생각을 말로 풀어내는 경험은 처음이었다. 또 낭독을 접하고 더 잘 읽고 전하고 싶다는 마음에 낭독 수업을 찾아 발성과 호흡을 배우기 시작했다. 그 과정은 자연스럽게 '쓰기'로 이어졌다. 한 편의 글도 제대로 써본 적 없던 내가, 내 생각을 문장으로 남기고 싶어 글쓰기를 시작했다. 아이를 키우며 쌓인 질문과 고민은 하브루타 부모 교육으로 이어졌다. 돌이켜보면 그 시기는 내 삶에 작은 물꼬가 트인 시간이었다. 배움이 삶으로 이어질 수 있다는 확신이 그때 처음 생겼다. 말하고, 쓰고, 배우는 일들이 이어지며 나는 다시 살아 있는 나 자신을 만났다.

재작년 7월, 줌으로 첫 낭독회를 앞두고 있던 날이었다. 발표를 한 시간 앞두고 리허설 준비로 분주했던 나는, 큰아이가 논술학원에 가는 모습을 제대로 살피지 못했다.

"엄마, 오늘은 버스 대신 자전거 타고 갈게요."

바쁜 마음에 아이 말을 흘려보냈다.

잠시 후, 학원에서 전화가 걸려왔다.

"어머님, 마음이가 자전거를 타고 오다 사고가 있었던 것 같아요. 병원에 가야 할 듯합니다."

리허설 준비는 더 이상 중요하지 않았다. 나는 서둘러 차에 올라 학원으로 향했다. 도착하자, 피가 말라붙은 무릎을 감싼 채 아이가 나를 바라보고 있었다.

"엄마, 죄송해요. 엄마 발표해야 하는데… 제가 방해했죠?"

그 말을 듣는 순간 마음이 철렁 내려앉았다. 상처보다 그 마음이 더 아팠다. 나를 필요로 하던 아이가, 이제는 내 일을 먼저 걱정하고 있었다.

'내가 나를 위해 살아보겠다는 이유로, 아이 곁을 놓치고 있었던 건 아닐까.'

그때 아이가 말했다.

"엄마, 저는 엄마가 열심히 배우는 게 좋아요. 그러니까 하고 싶은 거 마음껏 하세요."

그 한마디가 오래 남았다.

나의 성장은 아이를 떠나는 일이 아니었다. 아이와 나란히 자라는 일이었다. 부모가 배우고 성장하는 모습은 아이에게 '함께 자라는 삶'을 보여준다.

그래서 나는 여전히 배운다. 이제는 나만을 위한 성장이 아니라, 우리를 위한 성장으로 이어가기 위해서다. 부모가 자신을 위해 배우기 시작할 때, 관계는 더 건강해진다. 그리고 그 성장의 모습은 아이에게 가장 생생한 삶의 교육이 된다.

* 3 *

매체는 바뀌어도 대화는 이어진다

내 기억 속에서 아빠는 늘 신문을 옆에 두고 계셨다. 중앙지와 지방지가 아빠 자리 옆에 겹겹이 쌓여 있었고, 나는 그 곁에 기대어 앉곤 했다. 아빠는 사설을 오려 읽어보라 건네셨지만 내 눈길은 언제나 여행이나 문화, 예술 지면에 머물렀다. 그래도 아빠가 신문을 펼치면 나는 궁금한 것을 물었다.

"왜 문민정부라고 하는 거예요?"

"금융실명제가 되면 뭐가 좋아요?"

막연했던 세상, 이해하기 어려웠던 어른들의 이야기를 나는 묻고 아빠는 차분히 답해주었다. 깊이 있는 토론은 아니었지만, 그 짧은 순간들은 지금 돌아보면 무엇과도 바꿀 수 없는 따뜻한 장면으로 남아 있다. 아빠가 신문을 읽는 모습이 참 좋았다. 나도 그런 어른이 되고 싶어 신문을 부지런히 읽었다. 교사가 된 뒤에는 신문 활용 교육(NIE)을 배우며 아이들과 함께 읽고, 쓰고, 토론하는 수업을 이어갔다.

신문을 읽는 일은 정보를 얻는 것을 넘어, 세상을 바라보는 눈을 넓히고 생각을 나누는 과정이었다. 그래서 언젠가 가정을 꾸리게 된다면, 신문을 매개로 한 대화가 일상처럼 이어지기를 바랐다. 하지만 현실은 달랐다. 우리 아이들은 활자보다 영상에 익숙한 세대였다. 나 역시 신문 구독 대신 포털 기사나 유튜브로 소식을 접하고 있었다.

그때 문득 이런 생각이 들었다.

'지금의 아이들과는 어떤 방식으로 이야기를 나눌 수 있을까.'

아이들이 매일 마주하는 것은 짧은 뉴스 영상, 드라마의 한 장면, 예능 속 대사였다. 자극적인 콘텐츠를 걱정하는 목소리도 많지만, 그 안에도 사회의 이슈와 인간의 감정이 담겨 있었다.

그래서 뉴스 한 꼭지, 드라마의 한 장면, 영상 하나를 매개로 하루 10분씩 이야기를 나누기 시작했다.

"이 사건에서 잘한 사람은 누구일까?"

"저 인물은 왜 그렇게 말했을까?"

"나라면 어떻게 했을까?"

짧지만 깊은 대화는 어느새 습관이 되었다. 단답으로 끝나던 아이들의 말이 점점 길어졌고, 서로의 이야기를 끝까지 듣는 시간도 늘어났다. 뉴스와 드라마는 그렇게, 우리를 잇는 대화의 다리가 되었다.

어느 날 저녁, 큰아이 마음이가 물었다.

"엄마, 요즘 제 알고리즘에 중국 사람들이 한국 땅 다 산다는 쇼츠가 계속 떠요. 그게 사실이에요?"

나는 곧바로 답하지 않았다. 대신 질문을 건넸다.

"그 영상에서는 어떤 근거를 말하던데?"

"댓글에는 뭐라고 달렸어?"

"진짜인지 확인하려면 어디를 보면 좋을까?"

함께 뉴스를 찾아보며 '외국인 토지 보유 비율은 전체의 1% 남짓'이라는 자료를 확인했다.

아들은 고개를 끄덕이며 말했다.

"생각보다 별일 아니네요."

"그래. 영상 하나만 보고 믿기보다, 왜 그런 영상이 계속 뜨는지도 생각해보면 좋겠지?"

아들은 잠시 생각하더니 말했다.

"사람들이 자극적인 내용에 끌려 계속 클릭하다 보니, 알고리즘 때문에 그런 영상이 반복되는 것 같아요."

그 말을 듣는 순간 깨달았다. 아이들은 이미 세상을 해석할 준비를 하고 있다는 것을. 문제는 정보가 아니라, 그것을 어떻게 바라보느냐였다. 정보의 홍수 속에서 무엇이 사실인지, 왜 그런 메시지가 반복되는지 질문할 수 있는 힘. 그것이 지금 아이들에게 필요한 새로운 문해력이다. 아이들이 세상을 단정하기보다 질문할 수 있도록, 오늘도 우리는 뉴스 한 꼭지, 영상 한 장면으로 하루 10분의 대화를 이어간다.

방식은 달라졌지만 본질은 같다. 신문이든 영상이든, 결국 중요한 것은 그 사이에서 나누는 대화다. 아빠와 내가 신문을 사이에 두고 이야기를 나누던 그때처럼, 지금도 대화는 이어지고 있다.

* 4 *

'정답'이 아닌 '생각'을 나누는 대화법

70년대 중반에 태어난 나는 제주라는 비교적 좁은 지역 사회에서 자랐다. 주변에는 크게 부유한 사람도, 그렇다고 극도로 가난한 사람도 없었다. 물질적으로 궁핍하지는 않았지만, 불필요한 곳에 돈을 쓰는 사치를 부리며 살지도 않았다. 어른들의 말씀에 순종하며 성실과 절약을 미덕으로 여겼고, 일탈과는 거리가 먼 삶을 살아왔다.

당시 선생님들은 "전자오락실에 가면 안 된다"라는 말을 자주 하셨다. 나는 그곳이 들어가기만 해도 큰일이 나는 곳인 줄 알았다. 전자오락실이나 롤라장, 콜라텍, 그리고 뒤이어 생긴 PC방을 전전하는 아이들은 어딘가 문제가 있는 존재처럼 여겨지곤 했다.

그런 나에게 중학생 아들들의 게임 문화는 여전히 낯설다. 아이들은 스마트폰과 태블릿으로 게임을 즐기지만, 나는 온라인 게임에 대해 아는 것이 거의 없고 화면에서 쏟아지는 소리만으로도 쉽게 지친다. 아이들은 여러 번 함께 해보자고 말했다.

“이거 나쁜 거 아니에요. 머리를 써야 하는 전략 게임도 많아요. 엄마도 한 번 해보세요.”

쉽게 받아들여지지는 않았지만, 나는 조금씩 알게 되었다. 게임은 단순한 오락이 아니라 친구들과 이어지는 소통 방식이자, 그 세대의 문화라는 것을. 그래서 나는 게임을 관리의 대상이 아니라 이해해야 할 문화로 바라보려 애쓰기 시작했다.

어느 날, 바람이가 말했다.

“제가 필요한 게임 아이템이 있는데, 생일선물로 현질해주면 안 돼요?”

게임도 낯선데, 그 안에 돈까지 쓰는 일은 더 쉽게 받아들여지지 않았다. ‘괜한 데 돈을 쓰는 건 아닐까’ 하는 생각이 먼저 들었다. 예전에 보았던 방송에서 부모 카드로 수백만 원을 결제한 아이 이야기가 떠올랐다.

하지만 이번에는 '안 된다'라는 말로 끝낼 수 없다는 생각이 들었다. 이제는 막기보다, 아이가 왜 그 돈을 쓰고 싶은지 스스로 생각해보게 하는 일이 더 중요했다.

"바람아, 그 아이템이 있으면 뭐가 달라져?"

"엄마가 다른 걸 사주는 것보다 이게 더 싸요. 3만 원이면 돼요."

"엄마는 가격이 아니라, 그게 너에게 어떤 의미인지 묻는 거야."

"저한테는 그 어떤 물건보다 이 아이템이 더 가치 있어요."

그 말을 듣고 잠시 생각에 잠겼다. 가치를 늘 어른의 기준으로만 판단해 왔지만, 아이의 세계 안에도 나름의 기준이 있다는 사실을 인정할 수밖에 없었다. 결국 아이의 의견을 존중해 생일과 크리스마스 선물로 게임 아이템을 몇 차례 구입해주었다. 그 과정이 늘 편했던 것은 아니다. 아이의 선택을 존중한다는 것은, 내가 옳다고 믿는 기준을 내려놓는 일이기도 했다. '이건 낭비야'라고 말하고 싶은 순간에도 한 번 더 멈추어야 했다. 하지만 그 불편함을 견디는 시간이 쌓일수록 아이는 자신의 선택을 스스로 설명할 수 있게 되었고, 나는 그 말을 끝까지 들을 수 있는 사람이 되어 갔다. 대신 그 과정에서 소비에 대해 함께 이야기를 나누었다. 왜 사고 싶은지, 지금 꼭 필요한지, 우리 집의 상황과 맞는지를 하나씩 짚어 보며 생각을 나누었다.

그 경험 이후 아이의 태도는 달라졌다.

"요즘은 현질해 달라는 말 안 하네?"

"몇 번 해보니까 꼭 필요한 건 아니더라고요. 지금 가진 것만으로도 괜찮아요."

직접 써보는 경험이 아이로 하여금 스스로 판단하게 만든 것이다.

요즘 아이들에게 현질은 단순한 낭비가 아니라, 게임 속에서 새로운 경험을 얻는 방식이기도 하다. 그렇다고 무조건 허용하거나 막는 것이 답은 아니다. 경제 교육은 돈을 아끼는 법을 가르치는 데서 끝나지 않는다. 돈을 통해 자신의 욕구를 이해하고, 선택의 기준을 세우며, 그 결과를 감당하는 힘을 기르는 과정이다.

그래서 부모가 해야 할 일은 정답을 알려주는 것이 아니라, 아이가 스스로 질문할 수 있도록 돕는 일이다.

"이게 정말 필요한가?"

"다른 선택은 없을까?"

이 질문이 쌓일수록 아이의 소비는 점점 더 단단해진다.

중요한 것은 그 선택을 함께 들여다보는 일이다.

왜 쓰고 싶은지 묻고, 어떤 가치를 느끼는지 듣고, 그 결과를 스스로 돌아보게 하는 것.

정답을 알려주기보다 생각을 나누는 대화.

그것이 지금 내가 실천하려는 부모의 대화법이다.

5

주말 가족 하브루타, 우리 집의 규칙

매주 토요일 저녁 8시가 되면 아이들과 나는 지정 도서와 학습지 바인더를 챙겨 식탁에 앉는다. 하브루타 독서 모임을 시작하는 시간이다. 남편까지 함께하면 좋겠지만, 토요일까지 근무하는 피로를 알기에 참여를 권하지는 않는다.

처음 한 달은 내가 모임을 이끌었다. 아이들이 방식에 익숙해진 뒤에는 돌아가며 사회자를 맡게 했다. 특히 둘째는 늘 어린아이로 여겨졌지만, 진행자의 자리에 서자 눈빛부터 달라졌다. 리더 역할을 경험하며 자신을 다르게 보기 시작했다.

사회자는 이렇게 모임을 연다.

"○월 ○일, ○번째 일취월장 독서 모임을 시작하겠습니다."

한 문단씩 돌아가며 책을 소리 내어 읽는다. 책장을 넘기는 소리와 아이들의 목소리가 식탁 위에 고요히 퍼진다. 낭독은 단순한 읽기를 넘어 기억에 오래 남는 배움이 된다. 읽기가 끝나면 각자 본문과 감상을 학습지에 적는다. 그리고 돌아가며 자신의 생각을 말한다.

"이 부분은 왜 그렇게 생각했나요?"

질문은 자연스럽게 이어지고, 각자의 경험이 덧붙여진다. 『어른이 되기 전에 꼭 한 번은 논어를 읽어라 1』로 시작한 모임은 2023년 4월부터 12월까지 꾸준히 이어졌다.

이후 나는 질문 중심의 하브루타 방식으로 확장하고 싶다는 뜻을 아이들에게 전했다. 아이들은 기꺼이 동의했다. 2024년부터는 『어른이 되기 전에 꼭 한 번은 논어를 읽어라 2』와 『너에게 들려주는 단단한 말』을 함께 읽으며, 질문을 만들고 나누는 과정에 더 집중했다. 질문을 중심에 두자 변화가 생겼다. 아이들은 글을 훨씬 더 적극적으로 읽기 시작했다. 질문을 만드는 순간, 아이들은 단순히 읽는 사람이 아니라 생각하는 사람이 되었다.

한 명이 질문을 던지면, 나머지 두 명이 답한다. 대답은 다시 질문으로 이어지고, 때로는 반박도 오간다. 대화는 탁구공처럼 식탁 위를 오간다. 그 시간만큼은 우리는 서로의 생각을 나누는 배움의 짝이 된다. 이야기를 나누다 보면 어느새 40분이 훌쩍 지난다. 각자의 소감을 나누며 모임을 마무리하지만, 때로는 그 뒤에도 대화가 이어진다. 나는 이 시간을 늘 기다리게 된다. 아이들을 통해 새로운 세계를 배우고, 나 역시 마음을 솔직하게 꺼낼 수 있기 때문이다. 어리게만 보이던 아이들도 이제는 자기 생각을 또렷하게 말하고 깊은 질문을 던진다. 그 모습을 볼 때마다 부모로서 벅찬 감동을 느낀다. 질문은 단순히 대화를 이어가는 도구가 아니었다. 질문은 아이의 생각을 끌어내고, 나의 판단을 멈추게 했다. 답을 말하던 자리에서 질문을 던지기 시작하자, 아이는 점점 더 자신의 언어로 생각을 설명하기 시작했다. 그 변화는 조용하지만 분명했다. 아이는 누군가의 답을 따르는 사람이 아니라, 스스로 생각을 만들어 가는 사람이 되어 갔다.

물론 모든 시간이 평온한 것은 아니다. 의견이 부딪혀 말다툼으로 이어지기도 한다. 그럴 때마다 마음이 흔들리지만, 돌아보면 그 역시 지나야 할 성장의 과정이다. 때로는 아이들이 나보다 더 성숙한 생각을 내놓기도 한다. 내 잘못을 지적받으면 순간 마음이 상하지만, 아이들이 스스로 생각하고 있다는 사실을 이내 깨닫는다.

방 청소 문제로 바람이와 이야기를 나누던 날이었다.

"엄마, 독서 모임 할 때 화 안 내고 말하겠다고 했잖아요. 그런데 지금 화내고 있잖아요. 이렇게 약속도 안 지키면서 독서 모임 하는 게 무슨 의미예요?"

그 말에 나는 멈춰 섰다. 아이들은 내가 한 말을 기억하고 있었고, 그 약속을 일상의 나에게 그대로 돌려주고 있었다.

그 순간 깨달았다. 말보다 더 오래 남는 것은 태도라는 것을. 이후로 대화는 독서 모임을 넘어 일상으로 이어졌다. 아이들은 자신의 생각을 끝까지 말하고, 다른 사람의 말을 다시 들을 줄 알게 되었다.

독서 모임은 단순한 활동이 아니라, 서로의 생각을 마주하며 함께 자라는 시간이 되었다. 가족 하브루타 속에서 우리는 생각을 나눈다. 말이 행동으로 이어질 때 배움은 비로소 완성된다. 시험 점수보다 오래 남는 것은, 주말 저녁 식탁 위에서 함께 웃고 고민했던 시간이다. 책장을 넘기는 소리와 아이들의 목소리가 겹치는 그 자리에서, 우리는 함께 자라며 살아가는 법을 배운다.

언젠가는 이 시간이 사라지겠지만, 그때도 우리는 알고 있을 것이다. 함께 질문하고 생각을 나누던 시간이 우리를 어떻게 자라게 했는지를.

* 6 *

훈계 대신, 질문 하나

교사로서 25년을 살아오며, 내 말투와 사고방식에는 자연스럽게 직업의 흔적이 배어들었다. 아이들이 잘못을 하거나 책임을 다하지 않을 때면, 자동 반사처럼 훈계 섞인 잔소리가 시작되곤 했다. 학교에서는 지도를 잘하는 교사였지만, 집에서는 어느새 잔소리 많은 엄마가 되어 있었다.

사춘기에 접어든 아들들은 "엄마한테 혼났다"라고 하지 않고, "엄마랑 싸웠다"라고 말했다. 그 말 속에는 자신도 의견을 가진 하나의 인격체라는 마음이 담겨 있었다. 나는 그저 가르치려 했을 뿐인데, 어느새 마음이 부딪히는 싸움으로 끝나는 일이 잦아졌다.

직장에 다니는 엄마인 나는 늘 시간에 쫓기듯 살아갔다.

학교에서는 부장 업무까지 맡고 있어 하루가 숨 가쁘게 흘러갔다. 퇴근 후에도 미처 끝내지 못한 학교 일과 은행 볼일, 집안일이 이어졌다. 자기 계발을 위해 운동이나 연수까지 챙기다 보면 쉴 틈조차 없었다. 그렇게 정신없이 바쁜 날이면 아이의 말과 행동에도 쉽게 예민해지곤 했다. 듣고 싶던 저녁 연수를 앞두고 바삐 설거지를 하던 중, 바람이가 나를 불렀다.

"엄마, 저 오늘 학교에서 벌점 받았어요."

"뭐라고? 벌점을? 왜?"

"완전 억울해요. 도덕 시간에 친구가 크롬북 검색창에 축구 선수 이름을 쓰고 저한테 보여줬어요. 그 순간 선생님께 걸려서 우리 둘 다 벌점 받았어요. 별것도 아닌데 벌점을 주다니. 선생님 완전 이상해요."

"아니, 공부 시간에 왜 그런 짓을 해? 선생님이 이유 없이 벌점을 주셨겠어?"

급한 마음에 나는 아이의 말을 자르고 핀잔을 주었다. 마음에 여유가 있었다면 이렇게 물었을 것이다.

"많이 억울했겠다."

"선생님은 왜 그렇게 하셨을까?"

"친구가 또 그러면 너는 어떻게 하고 싶어?"

그랬다면 아이는 억울한 마음속에서도 스스로 생각하고 답을 찾을 시간을 가졌을 것이다. 그러나 주방을 서둘러 정리하고 시간에 맞춰 연수에 접속해야 한다는 조급함에 그 기회를 놓치고 말았다. 그날 연수 내내 마음이 편치 않았다. 아이는 이야기를 나누고 싶어 입을 열었을 텐데, 그 순간을 밀어내고 말았다. 결국 내 말만 했을 뿐, 아이의 말에는 귀 기울이지 않았다. 하브루타의 시작은 가르침이 아니라 경청인데도 말이다.

일주일에 한 번 가족 하브루타 시간을 꾸준히 이어 온 덕분에, 정해진 모임 시간이 아니어도 대화는 일상 속으로 자연스럽게 스며들었다. 가장 활발한 순간은 함께 식사하는 저녁 시간과 학원에 오가는 차 안이었다. 최근 본 영화나 드라마, 학교에서 배운 내용, 사회의 여러 이슈가 자연스럽게 화제가 되었다. 형식을 갖춘 말이 아니라 서로의 생각을 나누고 관점을 존중하는, 살아 있는 대화가 자리 잡아 갔다.

처음으로 중학교 공개 수업을 다녀온 날, 학원이 끝난 바람이를 태우고 집으로 돌아오는 길이었다.

"바람아, 엄마가 너희 학교 공개 수업 갔을 때 말이야. 쉬는 시간에 욕설을 하는 아이들이 정말 많더라. 너도 욕해?"

"엄마, 욕 안 하는 아이는 거의 없어요. 어른 앞에서 하느냐, 안 하느냐의 차이죠."

사춘기 아이들이 그럴 수 있다는 걸 머리로는 알고 있었지만, 그 말을 듣는 순간 마음이 철렁 내려앉았다. 틀린 말이 아니라는 걸 알기에, 말이 쉽게 이어지지 않았다.

"그럼, 다들 한다는 이유로 너도 욕해도 된다고 생각해?"

"제가 먼저 욕을 하지는 않아요. 친구가 했을 때 자연스럽게 따라가는 정도예요. 너무 정색하거나 받아치지 못하면 애들이 얕잡아보고 오히려 무시해요. 그냥 분위기에 맞추려는 거죠."

"그럼 바람이는 욕하는 사람들에 대해 어떻게 생각해?"

잠시 생각하던 바람이가 웃으며 말했다.

"엄마, 너무 걱정하지 마세요. 그 정도 사리 분별은 해요. 저도 욕하는 거 싫어요."

그 웃음을 보며 알았다. 묻고 기다릴 때, 아이는 자신의 생각을 스스로 꺼내 놓는다는 것을.

그러나 마음 한편이 무거워졌다. 아이의 말 속에는 갈등을 피하기 위해 친구의 행동에 자신을 맞추는 나름의 선택이 담겨 있었기 때문이다. 단순히 옳고 그름만 가르치는 것만으로는 아이가 현실 속에서 겪는 관계의 긴장을 풀어내기 어렵겠다는 생각이 들었다.

초등학교 고학년만 되어도 욕은 또래 사이에서 하나의 언어처럼 쓰인다. 미디어와 SNS를 통해 자연스럽게 접하고, 일상에서도 무심코 튀어나온다. 청소년기에 욕이 입에 붙는 데에는 감정을 풀고 또래와 어울리려는 마음이 함께 작용한다. 그런 현실을 떠올리자, 친구들 사이에서 욕을 쓰는 바람이의 모습도 조금은 이해되었다. 그러나 이해가 곧 허용을 의미하지 않는다. 아이의 세계를 있는 그대로 바라보되, 그 안에서 지켜야 할 기준을 함께 세워 가는 일. 그것이 부모의 몫이다.

학교에서 교사로 지내며 학부모 상담을 하다 보면, 가정과 학교에서의 모습이 다르다는 사실을 받아들이지 못하는 부모들을 자주 만나게 된다.

"우리 아이는 그런 아이가 아니에요. 절대 그럴 리 없어요."

하지만 또래 집단 속의 아이는, 부모의 울타리 안에서 보이던 모습과 같을 수 없다. 그 차이를 인정하는 순간, 비로소 아이가 살아가는 세계가 보이기 시작한다. 이때 필요한 것은 훈계가 아니라 질문과 경청이다. 아이의 선택이 어떤 마음에서 비롯된 것인지, 다른 가능성은 없는지 스스로 생각해 볼 시간을 내어 주는 일이다.

바로 이 지점에서 하브루타의 힘이 드러난다. 부모와 아이가 함께 묻고 생각하며 답을 찾아가는 과정 속에서, 아이는 규칙을 따르는 데서 나아가 자신의 선택을 이해하고 그에 따른 책임을 배워 간다.

7

꾸준함이 관계의 힘을 만든다

운전 중 시야에 들어온 마라톤 대회 현수막이 바람에 나부끼는 순간, 가슴이 콩닥거렸다. 달려 본 적도 없는 내가 마라톤에 도전한다는 건 무모한 선택처럼 느껴졌다. 하지만 지난 5개월 동안 하루 8,000보 이상을 걸어왔기에 5km라면 해낼 수 있을 것 같았다. 그렇게 나는 용기를 내보았다.

"얘들아, 엄마 마라톤 대회에 한 번 나가보고 싶은데, 너희도 같이 할래?"

큰아이는 마지못해 고개를 끄덕였고, 작은아이는 단호하게 말했다.

"제가 왜 해야 돼요? 하고 싶은 사람들끼리 하세요."

결국 첫 도전은 큰아이 마음이와 둘이서 하게 되었다. 별이 좋은 가을날, 2만 5천여 명의 러너들 사이에 서 있으니 마치 마라토너가 된 듯 설렘이 밀려왔다. 기록은 중요하지 않았다. 힘들면 걷기로 했다. 그저 내 몸과 마음의 상태를 확인하는 것으로 충분했다.

눈에 들어온 것은 가족 단위로 함께 달리는 사람들의 모습이었다. 손을 맞잡고 달리는 부부, 유모차를 밀며 땀 흘리는 아빠, 아이를 향해 "할 수 있다!"라고 외치는 아빠들. 그 장면을 바라보며, 마음이와 단둘이 달리는 내 모습이 겹쳐졌다. 문득 부러운 마음이 스며들었다.

마음이는 초반에 속도를 끌어올렸다가 이내 지쳐 걷기 시작했다.

"마음아, 천천히 달려. 단거리가 아니야. 조금씩, 꾸준히 가는 거야."

우리는 서로를 응원하며 속도를 맞춰 나아갔다. 나란히 결승점을 통과했을 때, 고작 5km였지만 가슴 깊은 곳에서 벅찬 감정이 올라왔다. 아이와 함께 가을 햇살 속을 달렸다는 사실만으로도 충분했다.

나는 금세 식어버리는 열정이 남기는 허무함을 잘 안다. 처음의 비장한 각오는 바쁜 일정 앞에서 흔들리고, 약속은 뒤로 밀리고, 결심은 흐려지곤 했다. 그럴수록 점점 작아지는 느낌이 들었다. 이제는 쉽게 포기하지 않는다. 하겠다고 마음먹은 일은 끝까지 지키려 한다. 주 5일, 하루 8,000보 이상 걷기. 『성공하는 사람들의 7가지 습관』을 5개월 동안 매일 조금씩 읽기. 1년간 매일 글을 필사하며 기록하기. 그 과정을 통해 알게 되었다. 매일 조금씩이라도 꾸준히 이어갈 때 삶은 달라진다는 것을.

『바보 빅터』에 나오는 한 문장이 떠오른다.

"사람들이 포기하는 이유는 그것이 편하기 때문이야. 정신적인 게으름 때문이야."

지금의 불편함을 견디는 일은 다음 단계로 나아가기 위해 필요한 과정이다. 포기하지 않는 꾸준함은 내가 벗어나고 싶은 나를 조금씩 바꾸어 간다. 그래서 오늘도 걷고, 읽고, 쓴다. 이 성실함이 아이에게 닿아 스스로 삶을 만들어 가는 힘이 되기를 바란다.

마음이에게 마라톤을 마친 소감을 물었다.

"중간에 발이 너무 아파서 그만두고 싶었어요. 혼자였다면 포기했을지도 몰라요. 그런데 결국 해냈네요."

"맞아. 포기하지 않고 그 고비만 넘기면 뭐든지 해낼 수 있어."

인생은 마라톤과 닮아 있다. 한 번에 모든 것을 해내려 하기보다 속도를 조절하고 숨을 고르며 나아갈 때, 우리는 결국 도착한다.

이 리듬은 가정에서의 하브루타에도 그대로 적용된다. 많은 것을 한꺼번에 하려 하지 않고, 우리가 감당할 수 있는 만큼을 정해 꾸준히 이어 가는 것이 중요하다.

전성수의 『부모라면 유대인처럼 하브루타로 교육하라』에서도 이를 강조한다.

첫째, 하루 10분 자녀와 깊이 대화하기.

숙제나 지시가 아니라, 서로 질문하고 답하며 생각을 나누는 시간이다. 이 10분이 쌓이면 사춘기 자녀와의 관계도 서서히 달라진다.

둘째, 일주일에 한 번 가족 하브루타 하기.

책 한 권, 영화 한 편, 뉴스 한 꼭지, 혹은 가족 안의 작은 이야기 하나로도 충분하다. 주말의 한 시간을 가족에게 내어 서로의 생각을 나누는 시간이다.

완벽할 필요는 없다. 다만 멈추지 않는 것이 중요하다. 때로는 걷더라도 괜찮다. 속도를 조절하며 서로를 응원하면 된다. 나는 믿는다. 관계를 깊게 만드는 힘은 거창한 이벤트가 아니라, 멈추지 않는 작은 반복에 있다는 것을.

하루 10분의 대화, 일주일에 한 번의 가족 하브루타. 기록으로 남지 않아도, 이 시간은 우리를 조금씩 이어 준다.

마라톤에는 결승선이 있지만, 가족의 관계에는 완성이 없다. 다만 오늘도 함께 나아가는 이 걸음이 우리를 이어 가는 힘이 된다. 나는 그 길을 아이들과 끝까지 함께 걷고 싶다.

8

아이와 함께 성장한다는 가벼운 마음

하브루타 부모 교육 연구소에서 자격 과정을 마친 뒤에도, 나는 격주로 하브루타 인문학교 선생님들과 온라인으로 공부를 이어가고 있다. 자격증을 취득했다고 해서 하브루타적 사고와 태도가 곧바로 삶에 스며드는 것은 아니기 때문이다.

머리로는 아이의 관심을 발견하고 질문으로 대화를 여는 방법을 알고 있다. 그러나 일상에서는 예전의 습관이 무심코 튀어나오고, 어떤 태도가 더 바람직한지 혼란스러울 때도 많다. 그래서 학교에서 만나는 아이들과 집에서 마주하는 내 아이에게 하브루타를 직접 적용해 보고, 선생님들과 함께 공부하며 스스로를 점검하고 다듬어 간다.

마음이의 한의원 진료를 위해 서울로 향하던 토요일이었다.

"마음아, 엄마가 다음 주 탈무드 하브루타 수업에서 쓸 질문을 아직 못 만들었어. 엄마가 운전하는 동안 탈무드 좀 읽어 줄래? 우리 같이 하브루타 해보자."

핸드폰으로 음악을 듣던 마음이는 잠시 생각하더니 기기를 내려놓고 고개를 끄덕였다. 그렇게 차 안에서 함께 읽게 된 탈무드는『배에 구멍을 뚫는 사람』이었다.

어떤 사람들이 배에 앉아 있었는데, 그중 한 사람이 자신의 자리 밑에 송곳으로 구멍을 내기 시작했다.

나머지 사람들이 항의했다.

"대체 무슨 짓을 하고 있는 거요?"

그가 말했다.

"제가 하고 있는 일이 대체 당신들과 무슨 상관이란 말이오? 내가 구멍을 뚫고 있는 곳은 내 자리이지 않소?"

사람들은 흥분하며 반박했다.

"하지만 배에 물이 차오르면 우리 모두가 익사할 것이오."

처음에는 비교적 단순한 질문으로 시작했다.

"왜 구멍을 뚫었을까?"

"이 배는 어떤 상황일까?"

그러나 질문은 점점 깊어졌다.

"배에 구멍을 뚫는다는 것은 무엇을 의미할까?"

"자유는 어디까지 허용될까?"

"공동체에 해를 끼치는 행동은 무엇일까?"

운전대를 잡은 채 마음이와 질문을 주고받다 보니, 대화는 어느새 삶과 사회를 돌아보는 자리로 이어졌다. 잠시 생각에 잠겼던 마음이가 입을 열었다.

"엄마, 이태원 참사가 떠올랐어요. 공동체의 안전을 위협하는 상황을 막지 못하면 결국 모두가 피해를 입게 되잖아요. 위험을 알아차리고 행동하는 힘이 필요하다고 생각해요."

아이의 말을 듣는 순간, 나는 가르치는 사람이 아니라 함께 생각을 넓혀 가는 사람이었다. 짧은 이야기 하나가 현실로 이어지고, 질문 하나가 새로운 생각을 열어 준다. 하브루타의 자리에서는 가르침보다 성찰이 먼저이고, 정답보다 질문이 오래 남는다. 그리고 그 과정 속에서 우리는 서로에게 배운다.

물론 나는 아이들이 좋은 성적을 얻고 원하는 길을 찾아가길 바란다. 그러나 출세만을 성공의 기준으로 삼아 자신의 욕망에만 머무는 사람이 되기를 바라지는 않는다. 내가 진정으로 바라는 것은, 아이들이 자신이 딛고 선 공동체를 이해하고, 문제 앞에서 침묵하지 않으며, 더 나은 방향을 고민할 줄 아는 사람으로 자라는 것이다.

마음이와 대화를 나눌 때마다 나는 그 가능성을 본다. 때로는 아직 어린아이처럼 보이기도 하지만, 이야기를 나눌수록 더 깊이 믿게 된다.

나는 확신한다.

우리 아이는 잘 자라고 있다.

한의원에 도착해 차는 멈췄지만, 마음속 배움의 여정은 멈추지 않았다.

질문이 이어지는 한, 우리는 같은 배를 타고 함께 항해하고 있다.

미경 쌤의 대화를 여는 질문

"오늘 가장 기억에 남는 일은 뭐야?"
"그때 어떤 기분이 들었어?"
"그 일이 왜 기억에 남았을까?"
"만약 같은 일이 다시 생기면 어떻게 하고 싶어?"
"그 일을 통해 너는 무엇을 느꼈어?"

아이에게 "오늘 뭐 했어?"라고 묻는 질문은 대화를 금방 끝나게 합니다.
하지만 경험에서 감정으로, 감정에서 생각으로 이어지는 질문은 아이의 이야기를 조금씩 길게 만듭니다. 질문은 아이의 하루를 확인하는 말이 아니라 아이의 생각을 꺼내는 열쇠입니다.

5장

부모의 성장이 아이의 성장을 만든다

* 1 *

아이의 억울함을 들은 날, 나도 자랐다

우리 반 아이들을 전담 교실로 보내고, 홀로 교실에 앉아 밀린 업무를 처리하고 있을 때였다. 교무실에서 전화가 걸려 왔다.

"선생님, 4학년 교실로 가주세요. 개별 지도 요청이 들어왔습니다."

학생이 수업을 방해하는 행동이 반복돼 더 이상 수업을 이어가기 어려울 때, 담임 교사는 교무실에 개별 지도를 요청한다. 마침 그 시간 수업이 없던 내가 두 명의 아이를 인계받아 교실로 데려오게 되었다.

처음에는 두 아이가 서로 다툰 줄 알았다. 나는 잠시 기다렸다가 아이들의 흥분이 가라앉자, 이야기를 한 명씩 들었다.

“장난으로 혼잣말을 했을 뿐인데, 선생님은 친구를 놀린 거라고 하셨어요. 아니라고 말해도 믿어주지 않으셔서… 그래서 제가 대들었어요.”

“저는 교과서를 가지러 가다 사물함 문을 쾅 닫았어요. 우리 반 사물함이 잘 안 닫히거든요. 그런데 선생님은 일부러 그런 거라고 하셨어요.”

두 아이 모두 싸운 것은 아니었다. 예의에 어긋난 말과 행동으로 주의를 받았고, 그 과정에서 반발하며 상황이 커졌다.

나는 판단을 서두르지 않고, 그저 질문만 건넸다. 그러자 아이들은 자신의 행동을 돌아보며, 왜 분리 지도를 받게 되었는지 스스로 정리해 나갔다. 그리고 교실로 돌아가 담임 교사에게 어떤 말을 해야 할지도 차분히 생각했다.

아이들의 말을 들으며 문득 이런 생각이 스쳤다.

‘왜 이 아이들은 선생님이 자신을 믿어주지 않는다고 느꼈을까?’

이 상황에서 중요한 것은 사실의 옳고 그름이 아니라, 아이들 마음에 먼저 자리 잡은 억울함이었다. 억울함은 말투를 거칠게 만들고, 태도를 날카롭게 만든다. 작은 일도 쉽게 갈등으로 번지는 이유다. 특히 초등학교 고학년에서 사춘기로 접어들수록, 아이들의 반응은 더욱 예민해진다.

교실로 돌아가는 두 아이의 뒷모습을 보며, 얼마 전 우리 집에서 있었던 일이 떠올랐다. 고양이 치즈를 돌보는 일은 아이들의 몫이었다. 큰아이 마음이는 화장실 청소를 맡고 있었는데, 아침저녁으로 두세 번 치우지 않으면 금세 냄새가 퍼지곤 했다.

그날도 남편은 집에 들어서자마자 냄새를 맡고 아이들을 불러 세웠다.

"누가 치즈 화장실 청소 담당이야? 왜 제대로 안 해!"

마음이는 잠시 머뭇거리다 말했다.

"저… 청소했어요."

그 말에는 이미 억울함이 묻어 있었지만, 남편의 말은 이어졌다.

"이렇게 냄새가 나는데도 했다고? 할 거면 제대로 하라고. 이렇게 할 거면 치즈 파양시켜."

"우리한테만 왜 그래요? 아빠는 뭐 하나라도 하는 거 있어요?"

집 안의 공기가 순식간에 얼어붙었다. 마음이의 억울함은 더 깊어져 반항적인 말로 되돌아왔고, 남편의 날 선 말투는 점점 거칠어졌다.

아이들을 바라보는 4학년 담임 교사와 남편의 시선에는 놀랍도록 비슷한 패턴이 있었다. 사실을 확인하기도 전에 '너는 잘못했다'라는 전제가 깔리면, 아이는 설명할 기회조차 얻지 못한다. 그 순간부터 아이는 말하기보다 막아서는 쪽을 택한다. 교실의 아이들도, 집에서의 마음이도 모두 억울함 속에서 더 크게 반응했다. 그러나 그 억울함은 행동을 바로잡기보다, 관계를 조금씩 굳게 만들고 있었다.

그날 분리 지도를 당한 아이들 이야기를 들으며, 그리고 집에서 마음이가 고개를 떨구던 모습을 떠올리며 스스로에게 물었다.

'나는 아이가 말하려는 진짜 이유와 마음을 들으려 했던가?'

'혹시 나도 이미 결론을 정해 놓고 아이를 판단하진 않았을까?'

교사이자 부모인 나는 그 질문에서 쉽게 벗어날 수 없었다. 아이가 성장하는 과정에서 드러나는 감정과 반응은 사실 부모와 교사가 함께 성장할 기회를 건네는 신호였다. 그런데 우리는 그 신호를 문제 행동으로만 바라보고 있었다. 결국 갈등을 키운 것은 아이의 말투나 행동이 아니라, 아이를 바라보는 우리의 태도였다.

그날 밤, 마음이의 방문 앞에서 한참을 서 있었다. 아이의 억울함을 풀어주지 못한 채 감정만 키워 버린 것이 마음에 걸렸다. 결국 나는 조심스럽게 방문을 두드리고 들어갔다. "아빠가 조금 과했지?" 하고 말문을 열자, 마음이는 금세 눈가가 붉어졌다. "나 진짜 청소했는데… 엄마, 내가 안 했다고 단정부터 하니까 너무 속상했어요."

그 말 한마디가 내 마음을 깊이 울렸다. 아이의 행동을 바로잡으려던 어른의 말이 오히려 아이의 마음을 다치게 할 수 있다는 사실이 선명해졌다. 문제 해결은 지적에서 시작되는 것이 아니라, 단정하지 않고 아이의 마음을 먼저 확인하는 대화에서 시작된다. 그저 들어주기만 해도 아이는 스스로 자신의 행동을 돌아볼 힘을 가진다.

교실에서 만난 두 아이도, 집에서의 마음이도 결국 같은 방식으로 답을 찾아갔다. 아이들은 스스로 성장할 힘을 지니고 있다. 그 성장을 가로막고 있던 것은 때때로 어른의 성급함이다. 돌아보면, 나를 성장시킨 순간은 대부분 아이에게 말해준 시간이 아니라 아이의 말을 들은 순간이었다. 아이의 성장은 부모의 성장을 부르고, 대화는 그 성장을 잇는 가장 단단한 다리가 된다.

* 2 *

완벽하지 않아도, 괜찮다

대학 2학년 때, 상담 동아리에서 옆 학교 학생들과 함께 연합 상담 워크숍에 참여한 적이 있다. 참가자들의 고민을 사이코드라마로 풀어내며, 장면 속 인물의 감정에 들어가 과거의 마음을 마주하는 시간이었다.

한 대학생은 중학생 시절, 밤에 몰래 베란다에서 담배를 피우던 엄마의 모습을 재현하고 싶다고 했다. 상담 선생님이 구석에 앉아 엄마 역할을 맡았다.

그 장면을 바라보던 학생은 몸을 웅크린 채 숨을 죽이고 있다가, 마치 그 시절로 돌아간 듯 갑자기 울부짖었다.

“엄마… 엄마가 여기서 담배 피우면서 한숨 쉬면, 저희는 어떡해요? 동생이랑 저는 엄마만 바라보며 살았는데, 왜 이렇게 무너지는 거예요?"

그 목소리에는 분노와 슬픔, 그리고 오래 눌러 두었던 외로움이 함께 담겨 있었다. 그 울음은 한 장면으로 끝나지 않았다. 이후 오랫동안 내 안에 남아, 부모라는 역할을 다시 묻게 하는 질문이 되었다.

오랜만에 고등학교 1학년 때의 일기장을 펼쳐 보았다. 예상과 달랐다. 지금은 부모님에 대한 감사와 좋은 기억만 남아 있는데, 그때의 기록에는 서운함과 원망이 가득했다.

'해양소년단 여름 캠프를 왜 못 가게 하셨을까?'

'동생 친구들이 라면을 먹고 간 뒤, 내가 설거지를 하는 게 맞는 건가? 왜 나는 설거지를 안 했냐고 혼나야 했을까?'

지금은 기억조차 흐릿한 일들이지만, 그때의 나는 부모님의 대응을 날카롭게 적어 놓았다. 어린 시절의 나는 늘 나의 입장에 머물러 있었고, 나를 이해해 주지 않는 부모님이 야속하기만 했던 것 같다.

일기장에는 이렇게 적혀 있었다.

'빨리 부모 품을 벗어나고 싶다. 나는 절대 이런 부모가 되지 않겠다.'

그런데 세월이 흐른 지금, 나는 어느새 부모의 자리에 서 있다. 아이들은 어떤 시선으로 나를 바라보고 있을까. 아이들과 『어른이 되기 전에 꼭 한 번은 논어를 읽어라 2』로 하브루타 독서 토론을 하던 날이었다.

마음이가 물었다.

"좋은 사람은 어떤 사람인가요? 그리고 자기 자신은 그 기준에 얼마나 맞을까요?"

바람이가 먼저 대답했다.

"좋은 사람은 이타적인 사람이라고 생각해요. 저도 남을 도와준 적이 있는데, 사실 즐겁지 않았고 힘들었어요. 그래서 저는 좋은 사람이 아닌 것 같아요."

아이의 솔직함에 미소가 지어졌다. 내 차례였다.

"나는 좋은 사람이란 편견이 없는 사람이라고 생각합니다. '그럴 수도 있지'라고 받아들이고, 내가 틀릴 수도 있다는 걸 인정하면서 계속 자신을 돌아보는 사람이죠."

내 말이 끝나자 바람이가 곧바로 말했다.

"근데 엄마, 논어 할 때는 그렇게 말하지만 실제로는 우리한테 '그럴 수도 있지'라고 한 적 거의 없잖아요. 뭐… 논어 한 번 읽었다고 바로 바뀌진 않겠지만, 어른이면 말만 하지 말고 실천도 했으면 좋겠어요."

그 말 앞에서 나는 잠시 멈췄다. 아이들은 이미 나를 보고 있었다. 내가 말하는 사람인지, 살아내는 사람인지를. 마음 한편이 저릿했지만, 그 솔직함이 고마웠다. 아이의 말은 나를 흔드는 지적이 아니라, 나를 붙잡아 주는 질문이었다.

사이코드라마 속 중학생이나 10대 시절의 내가 그랬듯, 사춘기 아이들은 부모에게 기대하는 기준이 높다. 말과 행동이 일치하는 부모, 지키지 못할 약속을 쉽게 하지 않는 부모, 그리고 자신을 독립된 존재로 인정하면서도 필요한 선은 분명히 그어 주는 부모를 바란다. 무엇보다 자신의 감정을 들어주고 공감해 주기를 원한다. 여전히 부모에게 이해받고, 기대고 싶은 마음이 있기 때문이다.

이런 기대는 아이가 잘못했을 때 더욱 분명해진다. 온라인 영어 학습이 밀린 바람이에게 화가 나 "그럼 네가 하고 싶은 대로 다 해. 엄마는 상관하지 않을게."라고 말했을 때였다.

바람이는 그 말을 자율이 아니라 포기로 받아들였다.

"죄송해요… 그래도 저를 포기하지는 말아 주세요."

아이는 여전히 부모의 기준 안에 머물고 싶어 한다. 잘못했을 때일수록 더 분명하게, 그러나 자신을 놓지 않는 방식으로 이끌어 주기를 바란다. 그러나 부모는 완벽할 수 없다. 모르는 것도 많고, 감정에 흔들리기도 한다. 완벽한 부모가 되려 하기보다, 완벽하지 않음을 인정하는 편이 오히려 마음을 가볍게 한다.

"바람아, 네 말이 맞아. 엄마도 말과 행동이 더 일치하도록 노력해 볼게."

이렇게 솔직하게 인정하고 다시 해보려는 모습을 보일 때, 아이와의 관계는 조금씩 단단해진다.

가끔 나는 맥주 한 캔으로 한 주를 정리한다. 캔을 따는 소리만 나도 아이들은 "에이, 또 술 마신다…." 하며 못마땅한 표정을 짓는다. 그 모습을 보며 웃음이 나면서도 문득 생각한다. 아이들에게 부모는 언제나 올바르고 절제된 사람이어야 하는지도 모른다고. 하지만 나는 그저 평범한 어른일 뿐이다. 그래서 더더욱, 완벽한 모습보다 부족함을 인정하고 다시 시도하는 모습을 보여주려 한다. 오늘도 우리는 서로의 부족함을 마주하며, 조금씩 함께 자란다.

3

아이에게 줄 수 있는 단 하나

중학교 시절, 음악 공연 감상문 과제로 친구들과 함께 클래식 공연을 보러 갔다. 로비에서 줄을 서 있다가 익숙한 얼굴을 발견했다. 초등학교 때 늘 전교 1등을 하던 남자 동창이었다. 단정한 코트를 입은 부모님과 형이 나란히 걸어 들어오는 모습에 나는 걸음을 멈췄다.

'아, 저 집은 가족이 함께 공연도 보러 오는구나.'

그 순간의 감정은 단순한 부러움이 아니었다. 내 마음은 '가족이 함께한다'는 것의 의미로 향하고 있었다.

우리 가족은 늘 곁에 있었지만, 아빠는 자영업으로 주말도 없이 일하셨고 엄마는 큰집 살림과 아빠 일을 함께 도우시느라 늘 바빴다.

"동생들 데리고 도서관 좀 다녀와. 밥은 너희끼리 먹고 오고."

"영화 한 편 보고 나와서 짜장면 먹으면 되겠다. 너희끼리 다녀와."

엄마도 최선을 다하고 계셨지만, 나는 가족이 함께하는 시간을 바랐다. 동생들의 손을 잡고 집을 나서면서도 마음속에는 늘 같은 바람이 맴돌았다.

'나도 엄마 아빠랑 영화 보고 싶다. 같이 밥 먹고 싶다. 함께 다니고 싶다.'

그 작은 바람은 말로 꺼내지 못한 채 오래 마음속에 남아 있었다.

결혼을 하며, 나는 무엇이든 가족이 함께하는 이상적인 가족상을 마음속에 그렸다. 웃음이 오가는 저녁 식탁, 주말이면 자연스럽게 나들이 계획을 세우는 가족의 모습. 단순했지만 그래서 더 소중한 장면이었다. 현실은 내 기대와 달랐다. 남편은 이른 아침부터 밤까지 일했고, 사업의 무게는 날이 갈수록 그를 지치게 했다. 얼굴에서는 여유를 찾기 어려웠고, 주말이면 침대에서 거의 움직이지 못할 만큼 피곤해 보였다. 아이들과 다정하게 말을 나누는 모습도 점점 드물어졌다.

시간이 흐를수록 내 안의 실망은 쌓여 갔다. 왜 나만 이렇게 애쓰고 있을까 하는 억울함이 마음에 자리 잡았고, 말투는 점점 딱딱해졌다. 기대가 채워지지 않을 때마다 혼자서라도 버텨야 한다는 마음이 굳어졌다. 그렇게 나는 가족의 한 구성원이 아니라, 가족을 떠받치고 있는 기둥처럼 느껴졌다. 그러자 마음은 자연스럽게 아이들에게로만 향했다. 남편과의 감정 은행 계좌가 거의 바닥났다는 사실을 자각하지 못한 채, 아이들에게만 온기를 쏟으면 된다고 스스로를 설득하고 있었다.

그러던 어느 날, 큰아이 마음이가 아주 조심스러운 목소리로 말했다.

"저는요… 제 속마음을 잘 얘기 못 해요. 제가 말하면 엄마가 더 힘들까 봐요. 혹시 가족이 싸우게 될까 봐… 그래서 늘 불안해요."

그 말은 조용했지만 내 마음 깊은 곳을 정확히 파고들었다. 나는 한동안 아무 말도 할 수 없었다. 아이는 나를 배려하고 있었고, 나는 그 배려 속에서 아이를 불안하게 만들고 있었다.

남편에게 날카롭게 말하던 순간들, 바람이를 혼내며 집 안의 공기를 차갑게 만들었던 날들이 한꺼번에 떠올랐다. 마음이의 마음속에서는 그 모든 장면이 '가족이 깨질지도 모른다'라는 불안으로 쌓여 있었던 것이다. 아이의 고백을 듣는 동안, 나는 숨이 막힌 듯 아무 말도 할 수 없었다. 내가 아이에게 안전한 울타리였는지, 자책이 밀물처럼 밀려왔다.

내면에선 또 다른 목소리가 들려왔다.

"나도 너무 힘들었어. 아무도 내 마음을 몰라줬잖아…."

그 생각이 스치자, 나는 깨달았다. 내가 원했던 것은 이해받는 가족이었는데, 정작 나는 그 이해를 먼저 건네지 못하고 있었다. 그날 이후 나는 아이만 붙들고 남편을 밀어내 왔던 나의 태도와 마주하게 되었다. 가족은 연결된 그물망이라, 한 사람을 밀어내면 전체가 흔들린다는 사실도 비로소 보였다.

유대인 가정 교육에 관한 책에서 읽은 장면이 떠올랐다. 엄마가 퇴근한 아빠에게 아이들의 하루를 전해주면, 아빠는 미소로 아이들을 불러 진심을 담아 칭찬한다는 이야기였다. 부모가 주고받는 따뜻한 언어가 아이에게는 정서적 울타리가 된다는 설명도 함께 떠올랐다.

'그래, 다시 시작해 보자.'

매일 아침, 나는 스스로에게 묻는다. 오늘은 가족을 어떤 마음으로 대할 것인가. 그리고 저녁이 되면 일기장 한쪽에 하루를 돌아본다. 무심코 날카로운 말을 하지는 않았는지, 아이들에게 괜한 긴장감을 주지는 않았는지, 무엇이 감사한지 적어 내려간다. 이 작은 점검이 내 하루를 조금씩 부드럽게 만들었다.

늦은 저녁, 지친 얼굴로 퇴근한 남편을 위해 따뜻한 저녁을 차려주었다. 그리고 아이들이 그날 보여준 모습을 차분히 전해주기 시작했다.

"여보, 오늘 바람이가 아프다고 하니까 마음이가 병원에 데려갔다 왔대요. 시키지도 않았는데, 기특하죠. 참 많이 컸네요."

남편은 그 말을 들으며 아이들을 바라보는 눈빛이 한결 부드러워졌다. 그날 식탁 위의 공기는 오랜만에 천천히 풀어지고 있었다. 아이들 역시 변하고 있었다. 예전에는 사소한 다

틈에도 눈치를 보며 조용히 방으로 들어가던 아이들이, 요즘은 식탁에서 자연스럽게 하루의 이야기를 꺼낸다. 가정의 분위기는 조금씩, 그러나 분명하게 달라지고 있었다. 불안으로 가득 차 있던 아이의 마음속에도 '괜찮다'라는 작은 안도가 조금씩 자라고 있는 듯했다.

아이에게 줄 수 있는 가장 큰 선물은 여행도, 값비싼 물건도, 특별한 경험도 아니다. 부모가 서로를 존중하며 살아가는 모습, 그 안에서 흐르는 따뜻한 말과 태도다. 다정한 말 한마디, 작은 배려 하나, 갈등 속에서도 관계를 놓지 않으려는 마음. 이 모든 순간들이 모여 아이에게 '가족은 안전하다'라는 믿음을 남긴다. 그리고 그 믿음은 아이의 삶을 끝까지 지탱해 줄 가장 단단한 기둥이 된다.

* 4 *

불완전한 나를 인정하는 용기

아이들이 초등학교 1, 2학년이던 시절, "요즘은 코딩을 초등학교 때부터 해야 한대."라는 말이 여기저기서 들렸다. 마침 문화센터에서 태블릿 앱에 명령어를 입력하면 작은 로봇이 그에 따라 움직이는 코딩 수업이 열려 아이들을 등록했다. 그 수업을 계기로 아이들은 생애 처음으로 온라인 기기를 손에 쥐게 되었다. 자연스럽게 유튜브라는 세계를 알게 되었고, 금세 몇몇 채널을 구독하기 시작했다.

나는 주말에만 한두 시간 정도 유튜브 시청을 허락했다. 아이들은 약속을 잘 지켰고 게임도 하지 않았기에 크게 통제하지 않았다. 그러나 학년이 올라갈수록 한 번 터진 봇물은 더 이상 막기 어려웠다. 유튜브에 빠져드는 아이들을 바라보며, 괜히 코딩 수업을 핑계로 태블릿을 사줘 영상에 빠져드는 계기를 만들어 준 건 아닐까 하는 후회가 들곤 했다.

그런 내 마음을 읽기라도 한 듯, 중학생이 된 아이들은 이렇게 말했다.

"엄마, 그때 우리가 유튜브라는 세상을 아예 몰랐다면 엄마 말만 따르는 온실 속 화초처럼 자랐을 거예요. 게임도 하나도 모르고, 친구들이 하는 얘기도 못 알아들어서 어울리지도 못했을 거고요. 엄마는 우리가 그런 사회부적응아로 자라도 괜찮아요?"

그 말을 들으며 나는 한동안 아무 말도 하지 못했다. 아이들의 말처럼, 세상의 흐름에서 홀로 빗겨 자라는 것이 과연 좋은 일일까.

통제와 방임 사이에서 고민했던 그 질문은, 공부 앞에서도 예외가 아니었다. 초등학교에서 25년간 아이들을 가르치며, 좋은 점수만을 위해 달달 외우는 학습은 오히려 공부 정서를 해친다는 확신이 있었다. 어릴 때부터 지나친 학습으로 공부에 질리면, 정작 힘을 쏟아야 할 고등학교 시기에 먼저 지치는 사례들을 많이 보아 왔다. 그래서 아이들이 스스로 학원의 필요성을 느낄 때까지 교과 학원에 보내지 않았고, 선행 학습도 하지 않았다. 무엇보다 기초만 닦아 두면, 때가 되어 아이들 스스로 길을 찾을 것이라는 믿음이 내 안에 자리하고 있었다.

아이들은 중학교에 들어가서도 영어 · 수학 학원은 다니지 않았다. 그래도 기본적인 학습 습관은 잡아 주어야 한다고 생각해, 온라인 학습으로 아이들이 매일 조금씩 스스로 공부하도록 했다. 기대와 달리 온라인 강의를 성실하게 듣지 않았고, 들었다 하더라도 실제 학습으로 이어지는지 확신하기 어려웠다. 중학교 성적 역시 기대만큼 나오지 않았다. 불안했지만, 그럼에도 아이들에게 시간을 주고 싶었다.

"엄마, 제 친구가 다니는 수학 학원이 있는데, 거기에 같이 상담 가주세요."

중학교 2학년 기말고사 결과를 받아든 큰아이 마음이가 먼저 학원 상담을 요청했다. 그 일을 계기로, 아이는 수학 학원을 다니기 시작했고 문제 풀이 속도도 조금씩 빨라졌다. 수학이 예전보다 재미있어졌다고 했다. 그 모습을 보며, 진작 조금 더 강하게 밀어붙여 부족한 부분을 채워줬다면 어땠을까 하는 후회가 고개를 들었다.

그때 마음이가 확신에 찬 목소리로 말했다.

"엄마, 예전에는 제가 학원에 다닐 마음이 전혀 없었어요. 엄마가 보내도 열심히 안 했을걸요. 혼자 끙끙대며 공부도 해보고, 시험을 망해보기도 했으니까 정신이 든 거예요. 이제부터라도 하면 되죠."

부모의 타이밍과 아이의 타이밍은 다르다는 것을 그제야 알았다.

초등 교육을 전공했고 아이들을 좋아했기에, 나는 좋은 부모가 될 준비가 되어 있다고 믿었다. 학교에서 학생들과 잘 지내며 쌓아온 경험은 내게 나름의 확신을 주었다. 내 아이들과도 공부를 함께하고 문화생활을 나누며, 대화를 통해 자연스럽게 성장해 갈 거라 생각했다. 그러나 자녀만큼 부모의 뜻대로 움직이지 않는 존재도 없다. 아이들은 내가 기대한 방향과는 다른 길을 선택했고, 나는 그들의 삶을 대신 설계할 수 없었다. 그 사실을 받아들이는 일은 생각보다 쉽지 않았다. 문득문득 지나온 선택들이 떠오르면, 후회가 조용히 밀려오곤 했다.

하브루타 부모 교육을 공부하며 점점 선명해진 사실이 있다. 자녀를 키우는 궁극적인 목적은 생각보다 단순하다. 아이가 스스로 삶을 살아갈 힘을 갖고, 관계 속에서 행복을 만들어갈 수 있는 사람으로 성장하도록 돕는 일이다.

그렇다면 부모는 어떤 역할을 해야 할까. 아이가 어릴 때부터 스스로 부딪히고 경험하며 시행착오를 겪도록 기다려 주는 것이다. 부모는 정답을 알고 있을 때조차 아이가 오답을 선택하도록 한 걸음 물러설 용기가 필요하다. 그 기다림은 쉽지 않다. 마음은 불안하고 조급함이 밀려온다. 그러나 결국 그 모든 경험이 아이의 삶을 단단하게 만들어 준다.

그동안 나는 유튜브를 얼마나 허용할지, 학원은 언제부터 보낼지 고민하며 답을 찾으려 애썼다. 아이를 보호하고 안내하느라 분주했고, 모든 결정을 대신 떠안으려 했다. 이제는 안다. 무엇이든 부모가 대신 결정해 줄 필요는 없다. 아이와의 대화를 통해 선택과 책임을 아이에게 맡겨도 괜찮다.

부모가 할 일은 완벽한 길을 미리 그어주는 것이 아니라, 아이가 스스로 방향을 찾을 수 있도록 곁에서 묵묵히 지켜보는 것이다. 함께 대화하고, 언제든 기댈 수 있는 안전한 언덕이 되어주는 것으로 충분하다. 아이를 키우는 일은 아이만 변하는 과정이 아니다. 부모 역시 그 여정 속에서 자신을 다시 만나게 된다. 미숙하고 서툴렀던 순간들까지도 결국 삶의 일부로 남는다. 그리고 그 시간들은 우리를 이전보다 조금 더 단단한 사람으로 만든다.

5

하브루타 대화가 준 가장 큰 보람

"내 친구들은 우리처럼 엄마랑 이렇게 얘기 잘 안 한대요. 거의 대화가 없대요. 우리가 좀 특이한 가족인가 봐요."

마음이가 그렇게 말했을 때, 가슴 한쪽이 뜨겁게 울렸다. 하지만 여기까지 오는 길이 늘 순탄했던 것은 아니다. 그저 물었을 뿐인데 날 선 말투가 되돌아와 마음이 다친 날도 있었고, 피곤함이 쌓여 나도 모르게 대화를 피하고 싶었던 순간도 있었다.

하브루타를 하기 전까지, 나는 큰아이를 늘 성실하고 책임감 있으며 긍정적인 아이로만 바라보고 있었다. 어쩌면 그것은 내가 만들어낸 이미지였는지도 모른다. 사춘기가 찾아오자 아이는 흔들리고 있었다. 억울함과 설명하기 어려운 불안, 이유 모를 부담 속에서 자기 자신과 싸우고 있었다. 대화를 나누며 알게 된 것은, 그렇게 흔들리며 버거워하던 모습 또한 성장의 과정이라는 사실이었다. 하브루타는 아이를 바꾸려는 교육이 아니라, 부모는 아이를 알아가고 아이는 자기 자신을 표현해 가는 과정이었다.

중학교 졸업을 앞둔 마음이에게 고등학교를 선택해야 할 시간이 왔다. 일반고 안에서도 선택지는 많았고, 참고해야 할 기준은 복잡했다. 나는 집에서 가깝고 학업 분위기가 탄탄하며 여자아이들에게 치이지 않을 남자 고등학교를 추천했다. 아이는 이미 결정을 한 듯 단단한 목소리로 말했다.

"엄마, 제가 공부를 엄청 잘하는 건 아니잖아요. 그래도 내신은 좀 자신 있어서 수시로 가고 싶어요. 그래서 내신에 유리한 S고등학교가 저한테 더 맞을 것 같아요."

나는 잠시 숨을 고르고 대답했다. 최근 입시는 수시 비중이 커지고 내신의 영향력도 다시 중요해지는 흐름이라 아이의 말에도 일리가 있었다.

"그래. 마음이 생각이 그렇다면 그렇게 해보자. 요즘 입시도 많이 달라졌대. 우리 같이 설명회 한번 들어보자. 엄마가 신청할게."

아직 뚜렷한 목표와 꿈이 정해진 것은 아니지만, 스스로 선택하고 그 선택을 감당하려는 마음이 자라고 있다는 것만으로도 충분하다. 실패하면 다시 일으켜 세우고, 성취하면 함께 기뻐하며, 분명하지 않은 미래 역시 아이와 나의 대화 속에서 조금씩 밝아지기를 바란다.

그렇게 마음이와의 대화 속에서 존중이 자리 잡아갈 즈음, 또 한 명의 아이가 조용히 자기만의 속도로 자라고 있었다. 마음이처럼 단단하게 말로 표현하지는 않지만, 마음속에서 생각을 키워가고 있는 둘째, 바람이었다. 바람이는 자신 없는 일 앞에서는 쉽게 나서지 않았고, 또래보다 작은 체격 탓에 자기만의 방식으로 버텨왔다. 준비되기 전에는 앞에 나서기보다 한발 물러서는 아이였다.

작은아이 바람이가 중학교 1학년이던 어느 날, 여동생 가족과 함께 클라이밍장에 갔다. 조카 온이는 바람이와 같은 나이였지만 새로운 활동 앞에서도 주저함이 없었고, 이미 클라이밍에 익숙해 고난이도 코스까지 거뜬히 올랐다. 바람이는 자신감 넘치는 사촌의 모습 앞에서 한껏 움츠러들었다. 몇 번 시도하다가 더는 하고 싶지 않다며, 내 옆으로 와 앉았다.

"잘 못해도 괜찮아. 그냥 해보는 거지. 꼭 성공하지 않아도 돼. 엄마는 여기서 보고 있을게."

내가 그렇게 말하자, 바람이는 다시 클라이밍 벽 앞에 섰다. 꼭대기 가까이까지 올랐다가 포기하고 내려왔다. 그러고는 내게 다가와 귓속말로 소곤소곤 말했다.

"엄마… 온이한테는 꼭대기까지 올라갔다고 말해주면 안 돼요? 완전 자존심 상해요."

예전 같았으면 "싫다는데 왜 시켰냐"라며 짜증부터 냈을지도 모른다. 하지만 그날 바람이는 자신의 민망함을 웃음으로 꺼내 보였고, 그 모습이 귀여워 나도 함께 웃을 수 있었다.

마음이와 바람이를 포함한 사촌들은 스스로를 사총사라 부르며 각별하게 지낸다. 가끔 만나는 사이지만, 만날 때마다 반가움이 숨김없이 드러난다. 그동안 사소한 말다툼의 중심에는 늘 바람이가 있었는데, 이번에는 달랐다.

"언니, 바람이 정말 많이 달라졌어. 말투도 부드러워지고 표정도 밝아졌어. 하브루타 한다더니, 진짜 효과 있었네. 두 사람 다 수고 많았어."

여동생의 말에 마음 깊은 곳에서 안도감과 기쁨이 함께 밀려왔다. 그동안 바람이와 나누어온 수많은 질문과 대화, 기다림의 시간들, 때로는 답답했던 순간들까지 헛되지 않았음을 확인받는 기분이었다. 아이를 바꾸려 애쓰던 시간이 지나고, 아이를 이해하려는 시간이 시작되었다. 하브루타는 그 문을 여는 계기였다.

처음에는 아이들이 이해되지 않는 행동을 보이면, 나는 "도대체 왜 그러냐?"라며 쏘아붙이곤 했다. 이유를 묻기보다 판단이 앞섰고, 듣기보다 말하려 했다. 그때의 나는 '부모니까 내가 맞다'라는 믿음이 있었다. 하브루타 부모 교육을 배우고 실천하며, 나는 멈추는 법을 익혀갔다. 청소년기에 접어든 아이들과 관계를 잃지 않으면서도 각자의 속도로 자라도록 돕고 싶었다. 아이를 바꾸고 싶어 시작한 공부였지만, 시간이 흐를수록 선명해진 것은 아이의 문제가 아니라 내 안에 굳어 있던 오래된 습관과 두려움이었다. 그 과정에서 나는 아이를 관찰하는 사람이 아니라 나 자신을 관찰하는 사람이 되었다. 아이의 변화가 두려웠던 것이 아니라, 내가 익숙하게 붙잡아 온 안정적인 세계가 흔들리는 것이 두려웠다는 사실을 알게 되었다. 그리고 그 사실을 인정하는 순간, 비로소 아이의 목소리가 들리기 시작했다. 대화는 아이를 바꾸는 방법이 아니라, 아이가 스스로 성장할 수 있도록 여는 문이었다.

* 6 *

아이의 인성은 부모의 태도를 닮는다

인성은 한 사람의 내면을 이루는 성격과 가치관, 도덕적 태도를 아우르는 개념이다. 이는 타인과의 관계 속에서 드러나며, 사고와 행동의 일관성을 통해 확인된다. 쉽게 말해 인성이란, 한 사람이 일상에서 어떤 선택을 하며 어떤 태도로 살아가는지를 보여주는 기본적인 성품이다.

성격 형성은 태아 시기부터 시작되어 초등학교 입학 전까지 상당 부분 형성된다. 이 과정에는 유전적 요인뿐 아니라 부모와 주변 환경, 반복되는 관계 경험이 함께 작용한다. 특히 아이가 처음 관계를 맺는 대상인 부모와의 상호작용은, 아이가 어떤 사람으로 자라나는지를 좌우하는 중요한 토대가 된다.

2024년 11월 방영된 MBC 〈PD수첩〉의 '아무도 그 학부모를 막을 수 없다' 편을 보며 마음이 무거웠다. 8개월 동안 189차례에 걸쳐 민원을 제기한 한 부모의 행동을 지켜보며, 그 자녀가 어떤 환경 속에서 성장하고 있을지, 어떤 태도로 학교 생활을 하고 있을지 자연스럽게 그려졌다.

학교 현장에서 만나는 일부의 학부모들은 자녀의 어려움을 해결해 주고 싶다는 마음으로 학교에 과도하게 개입하거나 교육 과정을 통제하려는 모습을 보이기도 한다. 치열한 경쟁 사회와 불확실한 미래가 만들어낸 불안이 이런 행동을 부추겼는지도 모른다. 그러나 부모의 개입이 많아질수록, 그것이 아이의 성장을 돕는 선택인지 되묻게 된다.

"아이는 부모의 거울이다"라는 말처럼, 아이는 부모의 행동과 언어, 삶의 태도를 고스란히 비춘다. 어린 시기는 주변을 관찰하고 모방하며 배우는 시기이기에, 부모가 감정을 조절하는 방식과 말투, 관계를 맺는 태도는 자연스럽게 아이의 성격에 스며든다. 말로 가르치는 교육보다 삶으로 보여주는 태도가 더 강력한 이유다. 부모와 아이가 나누는 일상의 상호작용은, 아이가 감정을 다루고 사회성을 익히는 중요한 장이 된다. 그 안에서 아이는 존중하고 기다리며 협력하는 법을 배운다. 결국 아이의 성장은 부모의 태도에서 시작된다. 부모의 작은 변화 한 걸음이, 아이에게는 삶의 방향을 바꾸는 큰 성장의 계기가 될 수 있다.

하브루타를 실천하고 나의 말과 태도를 돌아보며, 일상 속 상호작용을 하나씩 바꿔 나갔다. 그 과정에서 의미 있는 변화들이 보이기 시작했다. 그중 우리 아이들과의 관계에 효과가 있었던 일곱 가지를 정리해 보았다.

첫째, 감정이 올라올 때 바로 반응하지 않는 연습을 했다.

아이에게 "짜증 내면서 말하지 마"라고 말하면서도, 정작 나는 짜증 섞인 목소리로 말하곤 했다. 말의 내용과 행동이 어긋나 있었다. 10초만 멈추고 숨을 고르자, 내 감정을 먼저 알아차릴 수 있었고, 그제야 "지금 어떤 기분이야?"라고 물을 여유가 생겼다. 감정 조절은 말이 아니라, 부모의 태도로 전해진다.

둘째, 하루 5분 아이의 말을 끊지 않고 들었다.

조언과 판단을 내려놓고, 아이가 다 말할 때까지 고개를 끄덕이며 눈을 맞췄다. 그러자 아이는 자신이 말을 해도 평가받지 않을 것이라는 안도감 속에서, 편안하게 이야기를 꺼내기 시작했다.

셋째, 비교를 멈추고 감사 기록을 시작했다.

꾸중과 비교는 변화를 만들지 못했다. 대신 아이의 하루를 바라보고, 밤마다 내 일기장에 한 줄의 칭찬과 감사를 적었다. 기록이 쌓일수록 아이를 바라보는 내 시선이 부드러워졌고, 무엇을 해내서가 아니라, 그저 아이가 곁에 있다는 사실이 고마웠다.

넷째, 아이보다 먼저 내가 배우는 사람이 되었다.

일흔 중반이 되어도 배움을 멈추지 않는 엄마를 보며, 나도 그렇게 나이 들고 싶다는 마음이 들었다. 그래서 캘리그라피와 낭독, 하브루타와 글쓰기, 독서 모임과 운동을 이어가고 있다. 아이들은 내가 새로운 것에 도전하는 모습을 곁에서 지켜보며, 때로는 나를 응원해 주었다.

다섯째, 하루 한 번은 꼭 안아 주는 시간을 가졌다.

아침에 일어나거나 잠자리에 들 때마다 아이를 안아 주고 뽀뽀를 했다. 등을 쓰다듬어 주고, 팔짱을 끼고 걷고, 가끔은 꼭 끌어안았다. 말보다 이런 손길이 관계를 더 단단히 이어 주었다. 중학생이 된 지금도 아이들은 여전히 사랑받고 있음을 확인하고 싶어 한다.

여섯째, 명령문 대신 선택문으로 말해 보았다.

"방 청소해" 대신 "책상부터 할래, 침대부터 할래?"라고 물었다. 선택지를 주자 갈등이 줄었고, 아이는 스스로 결정한 사람처럼 움직였다. 그렇게 관계도 한결 부드러워졌다.

마지막으로, 내가 잘못했을 때 먼저 사과했다.

용기가 필요했지만, 아이의 눈을 보고 사과했다. 부모인 내 말이 맞다는 것을 설명하려 할수록 대화는 닫혔고, 반대로 먼저 사과했을 때 아이의 마음은 금세 다시 열렸다.

부모의 변화는 거창하지 않아도 된다. 단 1%의 변화라도 아이는 가장 먼저 알아챈다. 오늘의 작은 선택은 아이 마음에 차곡차곡 쌓인다. 어느 날 아이가 “왜 갑자기 그래요? 또 어디서 그렇게 하라고 배웠어요?”라며 당황한 듯 말할지도 모른다. 그러나 그것은 거부가 아니라, 익숙하지 않은 변화 앞에서 드러나는 자연스러운 반응이다. 결국 아이보다 부모가 먼저, 달라진 자신의 태도에 익숙해져야 한다. 관계는 포기하지 않는 사람의 손에 남는다. 부모가 멈추지 않고 자신의 태도를 점검해 갈 때, 아이는 그 모습을 기준으로 세상과 관계 맺는 법을 배운다.

* 7 *

사실 가장 응원이 필요한 사람
: 사춘기 부모님

아이들과 가정 하브루타 실천 경험을 학부모들 앞에서 발표하고 있을 때였다. 발표를 마치자 한 부모님이 손을 들며 질문하셨다.

"저희 아이는 방이 정말 지저분해요. 먹고 나서도 잘 치우지 않고요. 치우라고 하면 대답은 잘해요. 그런데 나중에 가보면 그대로예요. 어떻게 하면 좋을까요? 선생님 댁에서는 어떻게 하세요?"

그럴듯한 해결책을 내놓아야 할 것 같았지만 마음 한쪽이 살짝 뜨끔했다. 그 질문은 사실 나 역시 붙들고 있던 고민이었기 때문이다. 우리 집 둘째 바람이의 방문을 열면, 책상 위에는 그림을 그리다 만 종이와 색연필, 지우개 가루가 흩어져 있었고, 옷은 빨래통 옆에 아무렇게나 놓여 있었다. 책가

방은 바닥에 내던져져 있었다.

나는 방이 꼭 쓰레기장 같다며 잔소리를 퍼붓기도 했고, 화가 나서는 책상 위에 어질러진 물건들을 바닥에 쏟아버린 적도 있었다. 하지만 그럴수록 상처받는 쪽은 오히려 나였고, 바람이와의 관계는 점점 멀어졌다. 아이의 방은 끝내 내가 기대한 모습으로 바뀌지 않았다.

방이 더럽다고 나무랄 때마다, 바람이는 문 앞에서 나를 막아섰다.

"엄마는 내 방 출입 금지."

"바람아, 엄마는 네 방이 너무 지저분해서 자꾸 화가 나. 어떻게 하면 좋을까?"

잠시 고민하던 바람이는 단호하게 말했다.

"엄마, 그냥 상관 안 해주면 안 돼요? 더럽든 말든 제 방이잖아요."

그때 문득 한 문장이 떠올랐다. 알베르트 아인슈타인이 남긴 말이다.

"지저분한 책상이 지저분한 정신을 의미한다면, 빈 책상은 무엇을 의미하는가?"

이 문장을 곱씹으며 유대인 가정에서 자주 쓰는 '발라간(Balagan)'이라는 단어가 함께 떠올랐다. 발라간은 혼돈, 엉망진창을 뜻하지만, 단순한 난장판이 아니라 창조적 혼돈과 성장의 흔적을 인정하는 문화적 감각을 담고 있다. 정돈되지 않은 공간 속에서도 아이는 배우고 성장한다는 믿음, 그것이 발라간이다. 그 의미를 떠올리며, 나는 사춘기 아이의 방을 다시 바라보게 되었다. 사춘기 아이들의 방이 쉽게 정리되지 않는 이유는 게으르거나 고집스러워서가 아니다. 아직 '정리'라는 기술을 충분히 익히지 못했기 때문이다. 어수선한 공간은 문제의 신호라기보다, 자라고 있다는 흔적일 수 있다. 부모의 기준에서는 혼란처럼 보이지만, 그 공간에서 아이는 자신만의 방식과 속도로 세계를 정리하고 있을지도 모른다.

한꺼번에 잔소리와 요구를 쏟아낼 것이 아니라, 하나씩 가르쳐야겠다고 마음먹었다. 방을 어떻게 관리할지에 대한 기준을 먼저 나누고, 책임의 범위를 함께 정하는 것부터 시작했다.

"바람이 말대로 이 공간은 네 공간이니까 주중에는 바람이가 알아서 관리해줘. 그 대신 주말에는 엄마랑 같이 대청소하는 건 어때?"

그렇게 나는 아이의 공간을 존중하는 대신, 책임을 나누는 쪽을 택했다.

다음으로, 정리는 즉시 실행의 문제가 아니라 익혀 가야 할 기술이었다. 부모가 원하는 시간에 치우지 않는다고 해서, 아이가 못하는 것은 아니었다.

"바람이가 9시까지 빨래 갖다 놓지 않으면 엄마는 세탁기 그냥 돌릴 거야. 지금 갖다 놓을래, 아니면 숙제하고 나서 할래?"

이렇게 시간에 대한 선택권을 주자, 정리는 의무가 아니라 스스로 책임지는 일이 되었다.

마지막으로는, 결과보다 변화의 흔적을 먼저 보려 애썼다.

"책가방이 고리에 잘 걸려 있네." 같은 작은 관찰의 말은 정리 습관을 이어 가게 했고, 평가가 아닌 인정은 아이의 자존감을 지켜주었다.

방 정리는 하나의 예에 불과하다. 사춘기 아이들과 마주하는 많은 문제들이 이와 비슷하다. 게임과 휴대전화, 현질, 친구 관계, 학습까지, 부모의 기준과 어긋나는 지점마다 차근차근 가르치고 함께 조율해 가야 할 과제들이 놓여 있다.

부모는 이미 사춘기라는 터널을 지나왔다. 내 아이만큼은 다치지 않고 흔들리지 않기를 바라는 마음으로 이것저것 지적하고 잔소리를 보탠다. 하지만 아이에게 그 길은 처음 가보는 낯선 통로다. 넘어지기도 하고, 더디게 걷기도 한다. 터널 밖에서 계속 들려오는 부모의 말소리는 아이에게 방향을 알려주는 신호라기보다, 자신을 조종하려는 외침처럼 들릴 수 있다. 그래서 아이는 "좀 내버려 둬요"라고 소리친다. 그 지점에서 부모와 아이는 같은 길을 보면서도, 서로 다른 언어로 말하고 있다.

그러나 그 간격이 갈등의 공간이 아니라 배우는 공간이 된다면 이야기는 달라진다. 부모는 통제하는 사람에서 함께 조율하는 사람으로, 아이는 지적받는 존재에서 스스로 선택하고 책임지는 존재로 조금씩 옮겨 간다. 완벽한 정리나 태도, 관계를 목표로 삼는 순간, 우리는 매일 실망하게 된다. 대신 작은 변화와 미세한 성장, 아주 사소한 시도에 마음을 기울이기 시작하면 아이와의 관계는 서서히 단단해진다.

바람이의 방은 여전히 완벽하지 않다. 그러나 바닥 어딘가에 굴러다니던 책가방은 이제 가끔 고리에 걸려 있고, 침대 머리맡에 있던 간식 봉지는 어느 날 쓰레기통에서 발견된다. 그 사소한 변화의 흔적들은, 우리가 같은 방향을 향해 조금씩 걷고 있다는 신호처럼 느껴진다.

"엄마, 나는 지금 자라는 중이야."

그래서 나는 아이의 방을 대신 정리해 주는 부모가 아니라, 아이 스스로 자기 삶을 정리하는 힘을 기를 때까지 옆에서 기다려 주는 부모로 남고 싶다. 오늘 아이의 방 앞에서 한 번 숨을 고른다면, 그것은 포기가 아니라 기다리기를 선택한 사랑이다.

* 8 *

당신도 '하브루타 부모'가 될 수 있다

"지금부터 졸업생 가족들이 준비한 졸업 축하 메시지 영상을 함께 감상하시겠습니다."

작은 학교에서 교무부장으로 근무하며 졸업식 사회를 맡았던 날이었다. 영상 속 한 가족은 기타를 치며 졸업을 축하했고, 또 다른 가족은 "초등 6년 동안 무탈하게 자라줘서 고맙다. 우리 아들로 함께해 줘서 참 고맙다."라고 전했다. 나도 모르게 눈물이 쏟아졌다. 6학년 담임도 아닌 사회자가 감정에 북받쳐 말을 잇지 못하자, 졸업식장에는 잠시 어색한 침묵이 흘렀다. 왜 그렇게 눈물이 났을까. 졸업생 한 명 한 명이 그 가족에게 어떤 의미인지, 부모의 마음이 화면 너머로 전해졌기 때문이었다. 그러다 문득, 내 아이들의 얼굴이 겹쳐 떠올랐다.

누구보다 좋은 엄마가 되고 싶었다. 배 속에 있는 아이에게 말을 걸고 그림책을 읽어주었다. 태교로 뜨개질과 퀼트를 했고, 육아 서적을 찾아 읽으며 필요한 정보를 열심히 공부했다. 좋은 음악을 듣고 음식을 챙겨 먹으며 아이를 맞이할 준비를 했다. 그때만 해도 나는 엄마가 될 준비를 잘하고 있다고 믿었다.

현실은 책 속의 장면과 달랐다. 양가 부모님은 모두 제주에 계셨고, 직장과 육아, 집안일을 함께 감당하는 일은 생각보다 훨씬 버거웠다. 남편은 늘 바빴고, 부부 사이의 가치관은 사사건건 부딪쳤다. 그 사이로 불안이 집 안 곳곳에 스며들어, 분위기를 무겁게 만들었다. 나와 다른 기질을 가진 둘째와의 갈등은 점점 잦아졌고, 사소한 일에도 내 목소리는 쉽게 커졌다. 아이들의 사춘기가 찾아왔을 때의 나는, 한쪽으로 기울어진 저울처럼 흔들리고 있었다.

"왜 이렇게 쉬운 것도 못해? 금방 설명해줬잖아. 안 듣고 뭐 했어?"

나는 종종 아이를 향해 그렇게 말했다. 말을 뱉고 나면 아차 싶어 마음 한편이 뜨겁게 저려왔지만, 그럼에도 쉽게 멈추지 못했다. 감정은 어느새 한쪽으로 기울어진 저울처럼, 제자리를 찾지 못한 채 흔들리고 있었다.

그때의 나는 아이가 부족하기 때문에 내가 힘든 줄 알았다. '가르쳐주면 잘해야 하는 것', '노력하면 할 수 있어야 하는 것'. 내가 만든 기준에서 벗어나는 순간, 아이에게 문제가 있다고 여겼다.

부족했던 것은 아이가 아니라 아이를 이해하려는 태도와 대화하는 방식이었다. 좋은 엄마가 되기 위해 만반의 준비를 했다고 믿었지만, 정작 아이와 대화하는 방법은 배우지 못했다. 하브루타 부모 교육을 만나기 전까지 나는 육아란 가르치는 것이고, 주도하는 것이며, 아이를 바르게 만들어야 하는 일이라고 여겼다.

그러나 하브루타를 배우며 그 믿음은 조금씩 흔들리기 시작했다. 그동안 아이의 마음을 들으려 하지 않았다는 사실을 인정하는 데는 시간이 필요했다. 듣는다는 일은 생각보다 어려웠고, 무엇보다 나 자신과 마주해야 하는 과정이었다. 아이에게 질문하기 시작하면서 비로소 알게 되었다. 아이도 나처럼 생각과 감정이 있고, 저마다의 이유를 가진 존재라는 것을. 그 깨달음은 내 태도를 바꾸기 시작했다. 하브루타 부모 교육을 만난 것은, 지금 돌아봐도 내 인생의 신의 한 수였다.

'바로 가는 먼 길, 돌아가는 지름길.'

전성수의 『부모라면 유대인처럼 하브루타로 교육하라』에서 이 문장을 만났을 때, 나는 걸음을 멈추었다. 내 방식대로 아이를 채근하고 몰아세우다가는 아이도 나도 함께 무너질 것 같다는 생각이 들었기 때문이다. 그때부터 아이를 고치려 하기보다, 아이의 속도와 성향을 이해하려는 쪽으로 마음이 기울었다.

'좀 못하면 어때. 천천히 가도 괜찮아.'

이 문장이 내 안에 자리를 잡자, 집 안의 공기도 조금씩 달라졌다.

하브루타 부모 교육이 특별한 이유는 소통의 방식 자체를 바꾼다는 데 있다. 부모가 지시하고 아이가 따르는 구조가 아니라, 질문을 통해 서로의 생각을 꺼내고 존중하는 방식이다. 아이에게 묻고, 그 답을 기다리는 과정은 단순한 대화를 넘어 관계를 다시 세운다. 그 안에서 존중은 자연스럽게 스며들고, 생각은 확장되며, 자기주도성과 정서적 안정도 함께 자라난다. 무엇보다 특별한 준비가 필요 없다는 것이 장점이다. 식사 시간이나 이동 시간, 잠들기 전 10분처럼 일상 속에서 아이와 눈을 맞추고 질문을 건네는 순간, 하브루타는 이미 시작된다.

나는 여전히 완벽한 부모는 아니다. 다만 분명한 변화가 있다면, 예전보다 더 많이 듣고, 덜 말하며, 조금 더 기다릴 수 있게 되었다는 점이다. 이 변화는 아이보다 먼저 나를 단단하게 만들었다. 하브루타는 특별한 기술이라기보다 태도와 방식의 전환에 가깝다. 그리고 그 길은 특별한 부모만의 길이 아니라, 지금의 나처럼 흔들리고 고민하는 부모라면 누구나 한 번쯤 걸어볼 수 있는 길이다.

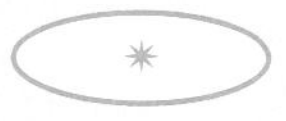

사춘기 부모에게 던지는 질문

사춘기 아이와의 갈등은 아이만의 문제가 아니라 부모와 아이가 함께 겪는 변화의 시간입니다.
아이를 이해하려 애쓰기 전에 부모인 나 자신에게 먼저 묻습니다.

나는 아이의 말을 끝까지 들어주었을까.
아이의 행동보다 마음을 먼저 보았을까.
틀렸다고 느낀 순간 바로 지적하려 하지는 않았을까.
아이와 마주할 때 나는 어떤 표정을 하고 있었을까.
아이에게 바라는 만큼 나도 변하려 노력하고 있을까.

사춘기 대화의 시작은 아이를 바꾸는 데 있지 않습니다.
부모의 질문이 달라질 때 비로소 대화가 달라집니다.
아이의 마음은 설득으로 움직이지 않습니다.
이해받고 있다고 느낄 때 비로소 열립니다.

마치는 글

다른 의견을 허락하는 순간, 관계가 열렸다

"엄마, 오늘 바빠요? 아니면… 우리 영화 보러 갈래요?"

주말 아침, 식탁에 마주 앉아 식사를 하고 있는데 큰아이가 말을 건넸습니다. 아이의 얼굴에는 마치 데이트를 청하는 사람처럼 은근한 설렘이 묻어 있었습니다. 저는 슬쩍 작은아이 쪽을 바라보았습니다. 원래도 외출을 좋아하지 않는데다, 다음 날부터 시험 기간이라 그런지 작은아이는 여전히 무심한 표정이었습니다.

그래도 혹시나 하는 마음에 물었습니다.

"바람아, 너 시험 끝나고 다음 주에 다 같이 영화 보러 갈까? 엄마는 다 같이 가면 좋을 것 같아."

작은아이는 잠시 생각하더니 말했습니다.

"엄마, 저는 그 영화 안 보고 싶어요. 그냥 형이랑 오늘 다녀오세요.”

순간 마음 한편에 아쉬움이 스쳤습니다. 제가 늘 믿어온 ‘가족은 함께’라는 원칙이 흔들렸기 때문입니다. 언제나 함께해야 의미가 있다고 여겨왔지만, 문득 ‘정말 꼭 그래야 할까?’ 하는 생각이 들었습니다. 오랫동안 붙들고 있던 기준을 잠시 내려놓아 보기로 했습니다.

그날, 큰아이와 단둘이 영화관 데이트를 다녀왔습니다. 큰아이는 기대하던 시간을 온전히 누렸고, 작은아이는 스스로의 리듬대로 하루를 보냈습니다. 비록 모두 함께하지는 못했지만, 각자가 원하는 방식으로 시간을 보내며 오히려 더 평온한 하루가 되었습니다.

스티븐 코비의 『성공하는 사람들의 7가지 습관』에는 이런 문장이 있습니다.

“조화와 하나됨은 서로 보충하는 것이지 동일한 것이 아니다. 동일성은 창의성이 없고 싫증 나게 한다. 시너지의 본질은 서로의 차이점을 가치 있게 여기는 데 있다.”

이 문장을 읽으며 작은아이와의 지난 시간이 떠올랐습니다. 그동안 저는 아이의 다른 의견을 받아들이기보다, 설득하려 했습니다. '다른 생각'을 '틀린 생각'으로 여기고 있었던 것입니다. 그래서였을까요. 작은아이는 점점 더 날을 세웠고, 늘 자신을 방어해야 하는 사람처럼 행동했습니다. 저는 아이에게 이런 말을 하곤 했습니다.

"왜 너만 유난하니? 왜 늘 다르게 생각하니?"

돌아보면 그 질문 속에는, 아이를 있는 그대로 받아들이지 못했던 제 불안이 숨어 있었습니다. 아이는 별난 존재가 아니라, 자기 생각을 가진 아이였는데 그 자유를 허용하지 못했던 것입니다. 늘 아이가 변하길 바랐습니다.

"성적이 오르면 좋겠다, 태도가 달라지면 좋겠다, 말투가 부드러워졌으면…."

아이의 부족한 부분을 고치는 것이 부모의 역할이라 믿어왔던 시간들이었습니다.

하브루타를 통해 저는 중요한 사실을 알게 되었습니다. 먼저 변해야 하는 사람은 아이가 아니라 부모라는 점이었습니다. 처음에는 하브루타를 질문하고 대화하는 하나의 훈련쯤으로 여겼습니다. 그것은 아이를 가르치는 일이 아니라, 제 마음을 다스리는 일이었습니다. 아이의 다른 생각을 이해하려 애쓰다 보니 어느 순간 제 안의 조급함이 눈에 띄게 줄어들었습니다. 예전 같으면 "그게 말이 돼?"라며 흘려보냈을 말도, 이제는 한 번쯤 멈춰 받아들일 수 있게 되었습니다.

그때부터 아이와의 대화는 더 이상 설득하거나 이기려는 자리가 아니었습니다. 싸움이 아니라 함께 걸어가는 시간이 되었습니다. 아이의 마음속에는 "엄마는 내 의견을 존중해준다"라는 신뢰가 자리 잡았고, 그 믿음이 쌓이자 말문도 서서히 열렸습니다. 그렇게 우리 관계는 천천히 그러나 분명하게 회복되었습니다.

무엇보다 큰 변화는 제 안에서 일어났습니다. 예전에는 '아이를 잘 키워야 한다'라는 부담이 늘 제 어깨 위에 얹혀 있었습니다. 지금은 '아이와 함께 배우고 자란다'라는 마음으로 하루를 시작합니다. 완벽한 부모가 되려는 집착 대신, 불완전한 나를 인정하게 되었습니다.

하브루타는 단순한 교육법이 아닙니다. 부모와 아이, 가정이 다시 숨 쉬게 하는 대화의 길입니다. 그 길 위에서 저는 아이를 다시 만났고, 동시에 나 자신도 새롭게 만나게 되었습니다. 부모가 먼저 변할 때 아이의 변화도 시작됩니다. 부모가 질문하고, 듣고, 기다려 줄수록 아이는 존중받고 있다고 느끼며 자신의 생각을 표현하기 시작합니다. 그렇게 부모의 변화는 결국 아이의 성장으로 이어집니다.

저는 사춘기 자녀와의 관계 앞에서 막막함을 느끼던 순간, 하브루타를 만나 숨통을 틔울 수 있었습니다. 대단한 기술을 배운 것이 아니었습니다. 단지, 아이의 생각을 있는 그대로 듣고, 다를 수 있다는 사실을 인정하는 연습을 했을 뿐이었습니다. 혹여 지금 그 막막함의 자리에 서 있는 부모가 있다면, 멈추지 말고, 아주 작은 질문 하나로 시작해 보시길 권합니다. 그 질문이 아이의 문을 두드리고, 그 문이 열리는 순간 관계는 다시 흐릅니다. 완벽하지 않아도 괜찮습니다. 서툴러도 괜찮습니다. 우리는 아이를 이끌며 자라는 것이 아니라, 아이와 함께 자라며 길을 만들어가는 존재이니까요. 그 작은 한 걸음, 그 진심 어린 질문 하나가 부모와 아이 모두를 다시 연결하는 새로운 길의 시작이 될 것입니다.

아이의 손을 잡고, 부모가 가려는 길로 앞서 이끌지 마십시오. 대신 아이가 걷는 모습을 한 발 뒤에서 지켜보며, 아이가 멈춰 서서 바라보는 것과 얼굴에 스치는 작은 표정의 변화까지 조용히 살펴봐 주시기 바랍니다. 그것으로만 충분합니다.

사춘기 자녀와의 갈등 상황에서 질문으로 대화하기

사춘기 아이와의 대화는 말을 잘하는 것이 아니라 어떤 질문을 건네느냐에 달려 있습니다.
갈등 상황에서 질문은 아이를 설득하기 위한 말이 아니라 끊어진 마음을 다시 잇는 시작점입니다.
아래 상황에서 지시 대신 질문을 건네 보세요.

1. 방문을 쾅 닫았을 때

× "문을 왜 그렇게 세게 닫아?"

✓ "학교에서 무슨 일 있었어?"

✓ "오늘 기분이 좀 안 좋아 보이네."

행동보다 감정에 먼저 접근하기

2. 말대답을 할 때

× "엄마한테 그런 식으로 말해?"

✓ "그 말 듣고 보니까 맞는 말이네."

✓ "그래서 뭐가 제일 불편했어?"

아이의 말을 반박하기보다 인정 후 질문으로 이어가기

3. 공부 얘기만 하면 화낼 때

× "공부했어?"

✓ "요즘 학교에서 제일 힘든 건 뭐야?"

✓ "요즘 공부하면서 어떤 게 제일 어렵게 느껴져?"

결과보다 과정과 어려움에 관심 두기

4. 친구와 싸웠을 때

× "네가 잘못했지?"

✓ "그렇게까지 화난 이유가 뭐였어?"

✓ "그 상황에서 너는 어떤 기분이었어?"

판단보다 아이의 감정과 해석을 듣기

5. 게임만 할 때

× "게임 그만해라."

✓ "이번 판 끝나면 몇 시야?"

✓ "오늘은 몇 시까지 하고 싶어?"

통제보다 아이 스스로 조절하게 돕기

6. 기분이 안 좋아 보일 때

× "왜 그래?"

✓ "오늘 말이 없네."

✓ "마음이 좀 복잡해 보이는데 맞아?"

추궁하지 않고 느낌을 먼저 짚어주기

7. 시험을 못 봤을 때

× "공부를 안 하니까 그렇지."

✓ "어떤 문제가 제일 어려웠어?"

✓ "다음엔 어떻게 하면 조금 나아질 것 같아?"

결과 평가보다 다음으로 이어지는 질문

8. 늦게 들어왔을 때

✕ "왜 이렇게 늦었어?"

✓ "친구랑 무슨 이야기 하다가 늦어졌어?"

✓ "오늘 하루 어땠어?"

추궁보다 맥락을 듣기

9. 아이가 방에만 있을 때

✕ "맨날 방에만 있네."

✓ "요즘 뭐 하는 게 제일 재밌어?"

✓ "혼자 있는 시간이 필요해 보여."

비난 대신 존중의 메시지 전달

10. 갈등 후 다시 대화를 시작할 때

✓ "아까 엄마도 좀 화냈지."

✓ "그때 너는 어떤 기분이었어?"

✓ "다시 얘기해볼까?"

부모가 먼저 관계를 회복하는 문을 열기

사춘기 아이는 말을 듣지 않는 존재가 아니라 이해받고 싶어 하는 존재입니다.
질문은 아이를 바꾸기 위한 기술이 아니라 아이의 마음으로 들어가는 방법입니다.